遇见紫禁城

漆器之美

王翯 著 ○

Qiqi Zhi Mei

湖南科学技术出版社
·长沙·

图书在版编目（CIP）数据

遇见紫禁城 . 漆器之美 / 王翯著 . -- 长沙 : 湖南科学技术出版社 , 2023.6
ISBN 978-7-5710-2116-0

Ⅰ.①遇… Ⅱ.①王… Ⅲ.①故宫博物院—历史文物—研究—北京②漆器（考古）—
研究—中国 Ⅳ.① K870.4

中国国家版本馆 CIP 数据核字 (2023) 第 054107 号

YUJIAN ZIJINCHENG：QIQI ZHI MEI
遇见紫禁城：漆器之美

著　　者：王翯
出 版 人：潘晓山
责任编辑：李文瑶 梁蕾 王舒欣
出版发行：湖南科学技术出版社
社　　址：长沙市芙蓉中路一段 416 号泊富国际金融中心
网　　址：http://www.hnstp.com
湖南科学技术出版社天猫旗舰店网址：http://hnkjcbs.tmall.com
邮购联系：0731 - 84375808
印　　刷：长沙超峰印刷有限公司
厂　　址：宁乡市金州新区泉洲北路 100 号
邮　　编：410600
版　　次：2023 年 6 月第 1 版
印　　次：2023 年 6 月第 1 次印刷
开　　本：787mm×1092 mm　1/16
印　　张：16.75
字　　数：234 千字
书　　号：ISBN 978-7-5710-2116-0
定　　价：128.00 元

总序

本系列丛书重在展示乾隆皇帝与书房之间的关系。无论他是在书房里慎独修炼，还是走出书房感受自然，皆以自己的思想历程，阐释他与人、与自然之间的关系。

中华民族是一个有着五千年的文明历史和富于创造的民族，博大精深、瑰丽灿烂的文化为子孙后代留下了极其珍贵的历史遗产。很早之前就有这样一个想法，用那些常为世人瞩目的英雄人物背后的故事与传奇，来解析描述凝结在其中的文脉。

众所周知，中华以文兴国。古代文人士大夫往往有彼此相约的传统，常于书房、花园、山林之间畅述幽情，俯仰宇宙，通过交流，抒发对生命的感悟。这种志同道合的雅集聚会，同样被视作书房的一部分。因而在狭义与广义的书房中，在人与天地的交流中，蕴含天地大道的器物被移入书房，摩玩舒卷，浸觉有味，既可发思古之幽情，又可修身养德。

而与自己意趣相投、志同道合的友人赋诗弹琴，唱和雅集，更能在互相交流中体会生命的有限与宇宙的无限，浩然之气自然会充盈其间。同时，一杯清香的茗茶，不仅为友人之间的高谈阔论，增添无穷的情趣，而且有敞开心扉，展示自我的妙趣。

宋代《高斋漫录》有载：司马光与苏轼论茶墨俱香，"茶与墨二者正相反，茶欲白、墨欲黑，茶欲重、墨欲轻，茶欲新、墨欲陈。苏曰：奇茶妙墨俱香，是其德同也，皆坚，是其操同也。譬如贤人君子"。可见茶墨质性不同，但彼此之芬芳，恰如彼此之秉德而志同道合。

故宫博物院所藏文物作为中华民族传统文化的重要载体，是人类弥足珍贵的民族文化遗产，也是中华文明大观园中熠熠生辉、璀璨耀目的一枝奇葩，它凝聚着各民族辛勤的汗水和心血，体现了各民族非凡的创造能力，是各民族聪明智慧的生动表现，值得我们代代相承和发扬光大。

此书以中国古代传统科技与工艺为切入点，内容涉及古代文人士大夫对宇宙天地万物产生的思索、笔墨纸砚的认知、漆器的发明与创造、茶叶的制作与品位等方面，不仅可以使读者徜徉于中国传统书房浩瀚的知识海洋中，也能看到中华各民族的文明与智慧之光。

我们的初衷，是想为中国传统文化知识的普及做一点具体工作，通过专家撰写的方式，使中国古代文房知识得到普及。鉴于此，在行文上力求通俗易懂，内容上力求简明练达，表述上力求科学准确，篇章布局上力求突出重点、图文并茂，从而达到知识性、科普性、通俗性、趣味性的有机统一。诚然，这只是我们的一个初步尝试，缺点和不足在所难免，期待广大读者给予批评指正。

希望这套系列丛书的出版，能为中国古代科技知识的普及与宣传贡献一点力量。衷心希望传统科技的火种，通过中华书房文化的广泛传播，使整个社会，特别是青少年，在不久的将来肩负起传承弘扬中华民族文化的神圣使命。

张荣

故宫博物院图书馆首席专家

故宫博物院二级研究馆员

中国社会科学院研究生院研究生导师

前言

　　漆器顾名思义就是将加工处理过的大漆，髹涂在不同材质胎体上而成的器物。有别于现代的化学合成涂料，漆器上的漆是在漆树上割取的天然汁液，经过滤水、除杂、搅拌等工序精炼而成。以漆漆物谓之"髹"，将天然漆髹涂在胎体上，可以使器物表面结成坚韧的漆膜，既抗潮、防腐、耐磨、耐酸、耐热，又有美丽柔和的光泽，不仅能起到保护作用，更能装饰器物。

　　如果说古琴、昆曲、园林等是中国传统文化的国粹，那么漆器、瓷器和丝绸当仁不让可称为中国传统手工艺的国粹。中国是世界上最早发现并使用天然漆的国家，根据最新的考古发现，其时间可追溯到八千年前，那时的先人就已经学会利用大漆来保护器物。大漆性能的逐渐被认知，胎体制作的逐步精进，工艺种类的日益多元，处处体现着中国古代工匠的聪明才智，体现着中国人不断认识自然、利用自然的精神追求以及崇尚自然天成的价值取向。

在八千年左右的历史长河中，漆器的工艺不断地得到提高、种类不断丰富，其制作水平在明代达到炉火纯青的地步，在清代尤其是乾隆时期，更是达到巅峰。

众所周知，故宫博物院的所在地紫禁城，不仅是明清时期的皇宫，更是当时全国乃至全世界奇珍异宝的汇聚之地。乾隆帝博古通今，酷爱收藏，对漆器也是格外钟爱，不仅收藏前朝漆器，也令工匠精心制作供其享用，为后世留下了众多瑰宝。故宫博物院收藏的一百八十余万件文物当中，漆器的数量有两万余件，大部分是乾隆时期收藏或制作的。这些漆器曾经作为生活实用器或陈设观赏器，遍布紫禁城各处，供帝王和皇室成员享用。

1925 年 10 月 10 日故宫博物院成立后，漆器被陆续收集整理在一起集中保管。20 世纪 90 年代，故宫博物院开始修建地下库房，清宫旧藏漆器又随大部分文物被运送至地库保管，这里可以保证全年 24 小时恒温恒湿，对于大部分是木胎的漆器来说，无疑是绝佳的收藏保管之地。然而，虽然得到了充分的保障，但几十年来一直处于恒温恒湿的状态中，同人类一样，漆器已经对所在环境产生了依赖，一旦产生变化便会引起一系列不可预知的问题。因此，故宫博物院对漆器的展出一直持谨慎态度，不仅数量有限，对展厅温湿度、灯光照度等环境要求也格外严格。基于这些原因，多年来，有关漆器的专题展览屈指可数，这些精美的器物只能深锁于宫门之内，沉睡于地下，外界很少有人知道它们曾经何其光彩夺目，何其精彩辉煌。同时，由于漆器工艺繁复，制造成本高昂等因素，社会上制作、收藏、关注漆器的群体也是趋于小众。

漆器，这一有着八千年左右历史积淀的中国传统手工艺术品，正在逐渐淡出人们的视线。

本书即是想通过浅显易懂的叙述，简要介绍漆器的基础工艺，漆器制作的主要历史，以及清宫旧藏漆器的种类、工艺和曾经的用途等，开启明清皇家御用漆器收藏宝库的大门，让读者尽情领略其中的繁华盛景。如果读者能够通过这本小书，对这些珍宝有所了解，有朝一日在展厅或其他机缘巧合的场所遇到它们时，可以发自内心地欣赏，多角度地解读，笔者定是无比欣慰。如果读者能够进而对中国传统漆工艺及其背后的传统文化底蕴感兴趣，愿意进一步深入探其究竟，那更是再好不过的事情了。

目录

低调的奢华

基础工艺

现代社会建立高楼大厦，楼层越高，结构越复杂，其地基就相应地更加扎实，这样才能保证建筑的牢固。同理，在制作漆器之前，**把胎体做好，胎面处理好，精炼好髹涂的大漆，营造好加工的环境，把各项准备工作做到位**，才能保证**漆器的顺利制作以及日后的使用寿命**。经过几千年的发展演变，制作漆器的基础工序日臻完善，流传几百年甚至上千年的漆器宛如新制一般，无不得益于此。

（1）大漆

制作漆器的主要涂料有**大漆、油、胶**，其中**大漆**是最主要的涂料。最初的大漆只是用来作为**黏合剂**，成语"如胶似漆"即形容像胶或漆一样粘在一起无法分离的关系，胶的黏合作用人所共知，但实际上，漆的黏合性比胶还要强，并且遇水不化。人们慢慢发现，大漆的涂层还可以起到**防虫、防腐蚀**等作用，不仅可以保护胎体，还可以保护漆器内的物品。**耐久**，是大漆这种材质的可贵品质之一，在大量的考古发掘中可以见到不少漆器木胎早已朽烂成灰，漆层却还完整。

"漆"是由"桼"演变而来，并且逐渐取代"桼"的意义。"桼"是象形字，好像采漆时割开树皮漆汁流下来的样子，借以表示漆汁。《说文解字》中解释：

桼，木汁可以鬃物。象形，桼如水滴而下。凡桼之属皆从桼。

大漆是指从漆树上割取的天然树液，又称"国漆""土漆""天然漆"。称其为"大"，盖因它**性能优良**，远超其他涂料，堪称**涂料之王**。称"**土漆**"，是因为它是我们的传统漆材，是相对于外来的漆而言，是比较晚的叫法。而"**国漆**"是最恰当的称谓，因为漆器鬃饰工艺在我国已经有约八千年的历史，经历代先民智慧创造，国漆无与伦比的覆盖力、表现力被发挥到了极致。

中国是漆树的原生地，也是大漆的故乡，现在中国是世界上大漆出口量最大的国家，占世界总产量的 80% 左右。漆树是高达十几米的落叶乔木，多野生，亦有人工种植林，多生长在海拔 300~2400 米，我国秦岭、武当山等地都是重要的产漆地区。一棵漆树在其整个生命周期中，只能割取 10 千克左右的漆液。大漆是通过切割漆树的韧皮层采集漆液而得，这种劳动被称为"割漆"。**割漆**在春秋时期的楚国已经是一项十分普遍且经常性的生产活动。一般是砍刀将漆树皮割成斜口或"V"形口，然后在割口插入蚌壳或树叶用来收集分泌出来的漆液，用竹筒及时回收漆液，再用木桶集中封装保存。

采集大漆即使是现代科学技术发达的今天，依然无法实现工业化、机械化，这是一项需要人工采集、非常辛苦、劳累的工作。采漆的漆农流传一句话**"百里千刀一斤漆"**，意思是说要走一百里路，割一千刀才能采集一斤的漆液。**漆树中的漆液多寡与温湿度密切相关，必须选择适宜的季节、天气和时段采集**。割漆期一般在6月到9月，不同时期采集之漆品质不同，故有**"初漆""中漆""末漆""尾漆"**之分。其中伏天采集的"中漆"因盛夏时阳光充沛，所以品质最好，"尾漆"品质则最次。为了多采集"中漆"，酷暑时节往往是漆农最繁忙的时期，为了避免蚊虫叮咬和毒蛇的袭击，他们还要穿上厚重的防护服。日出前是割漆的最佳时机，因为日出以后气温逐渐上升，相对湿度会慢慢降低，割口易氧化干涸，分泌大漆的时间缩短，流漆量就会减少。因此，漆农多半在晚上割漆，一人一般能割60棵左右的漆树，下刀至少2000余次，一

漆树（上）　割口分泌漆液（下）

整夜劳作最多也才收获一斤左右的漆液，真的是"百里千刀一斤漆"。现代的漆农尚且如此辛苦，可想而知古时漆农的艰辛不易。

刚刚割出来的漆液是一种乳白色的天然有机化合物，与空气接触后呈褐色，逐渐变成黑色，其主要成分有四种：**漆酚、漆酶、胶质和水分**。采集得到的天然漆液含水量在20%~40%，并且在采集过程中会混入杂质，因此在髹漆之前还要对其进行反复过滤，才能得到更加纯净的大漆。过滤之后的大漆再经晒制或熬制后，漆膜的**光泽度、硬度、透明度**都会有显著的提高。

大漆有个特性，越是潮湿的环境，漆膜反而干固得越快。因此，在髹涂器物时，如何营造一个潮湿的环境，使得漆膜能够尽快干透，以便继续进行髹涂或描绘，这也在考验着漆工的能力。中国的江南地区一年约有三季的温湿度不足以使漆层很快干透，需要准备一个封闭的**"荫室"**，地面以砖铺地，通过加温、洒水等手段，控制荫室温度在25℃~30℃，相对湿度则要维持在75%~85%。福建和台湾等地则得益于得天独厚的自然条件，不需要配备荫室。中国的北方地区冬季寒冷且干燥，在农业社会时期需要开挖地窖即"地窨"以便髹漆。现代社会取暖器普及后，则将漆器送入荫室即可，但依然称呼此项工序为**"下窨"**。

（2）油

大漆本身色相较深，难以调配桃红色、白色等鲜明的颜色。聪慧的中国古代工匠在实践中发现，将油和鲜明的颜料混合，即可用于描绘器物，古代漆器上浅淡颜色的图案，即是采用此种方法调配绘制而成。但是，如果将油直接髹涂在器物表面的话，干燥周期长，成膜后有浮光但不能打磨，并且日久容易产生裂纹。将**植物油**熬熟以后入漆，冲淡了大漆本身浓厚的状态，减缓干燥速度，提高了大漆的明度和亮度，即所谓**漆无油不亮**。油的加入使得大漆的性能得到极大的改善，色彩也得到了极大的丰富，还降低了成本，于是**油和漆成为最佳组合**，"油漆"一词即由此而来。桐油、亚麻仁油、胡桃仁油等干性植物油皆可入漆，豆油和菜籽油等不干性的植物油则不可，古代工匠普遍采用的是桐油。人类进入20世纪，油漆工艺获得了巨大发展，出现了大量附着力更大、亮度更高、耐热和耐腐蚀能力更强的油漆，大部分都是以合成化工产品代替了天然植物油，因此准确的叫法不应再是"油漆"，而应该是"**涂料**"，但"油漆"一词已深入人心，依然沿袭至今。

（3）颜料

中国古代**入漆的颜料多为矿物质**，也有**天然植物染料**如藏红花、栀子黄等用于调配红色、黄色透明漆，但效果远不及矿物颜料。清宫旧藏的漆器多为**红色**，即是用**朱砂**或**银朱**兑入漆中而成。朱砂是天然硫化汞，银朱则是人工硫化汞，由水银与硫黄混合搅拌再加热炼成。矿物质颜料需要反复提炼、研磨，保证绝无颗粒、色泽纯正，才可入漆。颜料与漆的比例也很考验工匠经验，漆多则颜色不明，料多则影响透明度和漆膜硬度。

（4）胎

漆器的胎体主要是木材，也有**金属、陶瓷、皮、布**等相对少量的材质。木胎的选择不可随意，必须要选用木性稳定且经过充分干燥的木材，以

战国·曾侯乙墓出土的鸳鸯形盒

防含水过多造成日后的变形开裂。古代加工木胎的方法有**砍挖、刻镂、车旋、屈木**等多种。车旋是指用车床旋出圆木胎或是在内膛旋出四壁。屈木是指用松木或杉木劈、刨为薄片，通过弯折、粘接、榫卯等方法围成方形或圆形的器身，再加上底和盖组成整体。这些木胎加工方法，我国早在**战国时期**就已经完全成熟，可以制作出各种各样的木胎造型，充分展现了我国古代工匠的聪明智慧。

采用金属胎主要目的是防止胎体变形，但因为漆会遮盖胎体表面，不能表现出胎体材质的贵重，因此多是采用铅胎、锡胎，少见贵重金属材质。**湖北**云梦睡虎地秦墓中曾出土铜胎的漆盒、漆匜，**内蒙古**鄂尔多斯曾出土汉代铜胎漆鼎、漆壶等。根据明清文人的记载，宋代雕漆器中的剔红很多采用金银为胎，因此招致鼠目寸光之徒的觊觎，最终被剥毁殆尽。

此外，故宫博物院还藏有**明代大彬款紫砂胎雕漆茶壶、清代康熙款瓷胎剔犀大瓶、乾隆款紫砂胎黑漆描金菊花纹执壶**，均是世所罕见之物。

（5）布

　　如果说**胎是漆器的骨**，那么**布**毫无疑问就**是漆器的"筋"**了。漆器往往采用拼接的手法组合成型，于是就需要在胎上裱一层布，使得胎体牢固地结合成一个整体，而不至于松脱开裂。布要蘸漆水，然后糊在胎体上，不能松松垮垮，也不能太紧绷，不可以出现褶皱或是漏贴。

（6）灰

　　胎是骨，布是筋，灰则是肉。木胎裱布干固以后，要用胶漆搅拌粉状物如兽角、瓷片、砖瓦等磨成的细粉，平整均匀地批刮于糊布的胎体之上。它的作用是使器形更加的规整，器物的表面更加致密平整，还可以塑形出器物的棱角以及开光线缘。根据不同的漆工艺，可以批刮多道漆灰，又根据所起作用的不同及粉末颗粒的大小，分为粗、中、细灰。粉末颗粒大的是粗灰，其可覆盖漆布并找平布纹。中灰在粗灰之上补平缺陷，起出棱角，规整器形。细灰则可以渗透灰面，以加固中灰。**镶嵌工艺**的漆器，镶嵌之物并非嵌在漆中或是木胎里，恰是细灰之中，因此需要连刮数遍细灰以累积厚度。

现代裱布过程（上）　现代刮灰过程（下）

（7）糙漆

漆器底胎做完漆灰之后，其上还要**用生漆、推光漆进行涂刷**，这道工序叫**"糙漆"**。糙漆的目的是使漆钻入漆灰层的孔隙当中，可以使漆灰层变得平滑坚实，还可以衬托面漆，使得面漆平整且成色深厚。譬如，黑色的漆器如果直接髹涂黑色推光漆，并不能达到正黑，必须要有肥厚的黑糙漆垫底才能显得深厚。因此，糙漆直接关系到面漆的装饰效果，虽称"糙漆"，却要认真小心对待。糙漆古法一般做三道。**第一道**糙漆的作用是让漆液钻入漆灰层微孔，封闭毛孔并加大灰层的粘接力，使得之后的涂刷漆不会渗入，避免漆液浪费和漆面塌陷。**第二道**糙漆要加入与面漆相同颜色的颜料，漆灰面也被彻底封固，漆面更加平整坚实。**第三道**糙漆要用精制漆，有一种技法是用精制漆调配鸡蛋清，这样可以使漆面肥厚光亮。糙漆完成后要打磨，如果打磨不平顺，会给之后的加工留下极大的隐患。总之，漆胎上的一切瑕疵都要在糙漆阶段扫除。

以上只是漆器基础工艺的简要介绍。普通人很难想象，仅是制作漆器的准备工作就要投入如此大量的人力物力。这些工序都是历代漆工的经验积累，具体实操中还需要工匠个人经年累月的实践才能熟练运用，进而保证漆艺加工的顺利进行。如今，很多漆艺工作者为了保证漆器作品的质量，从制漆到糙漆依然在沿用这些传承千年的加工手法。

漆器简史

中国是最早使用漆器的国家。在浙江萧山跨湖桥考古遗址中，已发现涂满漆的弓。该遗址年代距今八千多年，说明那时的先民就已经认识到大漆的利用价值。在八千多年的历史长河中，从考古发现和流传至今的文物来观察，中国古代漆器发展史上出现过两次高峰，第一次始于战国，延续至西汉，第二次始于唐宋，在明清之际达至巅峰。战国、秦汉之时，古人尚未掌握制瓷技术，漆器一度是日用生活的主流用器，深入社会生活的各个方面。东汉之后，瓷器价廉质优的优势逐渐显现，漆器的制作规模和使用范围则随之衰退。但是，漆工艺的发展却并未停止，而是朝着艺术品、奢侈品的方向发展。即便瓷器已完全取代陶器、青铜器、漆器成为中国日用器皿的绝对主流之后，漆器依然种类日益丰富，做工用料日趋考究。

从出土情况看，早在商周时期，髹漆技艺就已经达到非常高的水平。由于深埋地下多年腐蚀严重，至今尚未发现一件完整漆器，但我们依然能从考古发掘出的残件当中，窥见当时技艺的水平。河北石家庄市藁城区台西村商代遗址中，在木胎雕花器的各种残件上可以见到彩绘、雕花、镶绿松石、嵌蚌片、贴金箔等多种漆工艺，着实令人惊叹。

　　时至战国，漆工艺也随之迎来第一个高峰。以木、竹、皮、藤、夹纻等材料为胎骨的漆器，以其质轻、色美、耐用等优点，成为**生活用具的主角**。当时的楚国不仅幅员最大，地跨现在的湖北、湖南等适合漆树生长之地，而且采用木椁外封白膏泥的墓葬形式，为漆器的保存创造了客观条件。因此，战国漆器的出土以楚国疆域及受楚文化影响的地区最为集中。目前出土的漆器已达万件，可见当时的生产规模已相当庞大。**器形的多种多样**是漆器发达的主要表现之一，尤其是当时贵族使用的生活器具，如盒、盘、樽、杯、壶、豆、奁等最为多见。除日用器外，俎案、座屏、器座等家具，鼓、瑟、排箫等乐器，还有棺椁和镇墓兽等葬具，多以漆艺为之，可谓无所不包。

描彩漆云纹耳杯

高 6 厘米　口径 18.3 厘米　底长 15.6 厘米

秦汉之时，国家的统一、经济的发展带动手工业蓬勃发展，是中国漆器繁荣兴盛的时期。该时期的漆器出土遍布全国，甚至域外的朝鲜和蒙古都有考古发现。其品种完备、制作精良，各种工艺和技法日渐成熟，后世众多髹饰技法，都是秦汉之先河。我们在湖南博物院可以看到长沙马王堆汉墓中出土的漆器七百余件。此时期，"漆器"这一称谓也首次出现在典籍中，**《汉书·贡禹传》**注引如淳语曰："**工官，主作漆器物者也**。"不少秦汉时期的漆器上都带有烙印、针刻、漆书的文字，从中可以获得大量信息。**"蜀郡西工""成都郡工官""广汉郡工官""子同郡工官""武都郡工官"** 等文字，说明器物出自官府管理的髹造机构，全国各郡均有工官，与《汉书》记载相符。制作有严格的分工，**"一杯**

棬用百人之力，一屏风就万人之功"《盐铁论》。官府作坊出品的器物有"物勒工名，以考其诚"（《礼记·月令》）的成品检验制度，贵州清镇西汉晚期墓葬出土1件漆盘，铭文61字，记录了产品名称、容量、生产机构、时间，各道工序操作者。生产的专门化和分工的细密化，极大地促进了漆器产量和质量的提高。除了技艺上的提升，漆器在实用设计上也日趋完善，日常用具更加地贴近生活讲求实用。

西汉·双层九子漆奁
高 20.8 厘米 口径 35.2 厘米

马王堆汉墓中出土的双层九子漆奁，下层有大小、形状各异的凹槽，恰好可以放入与之相应的九个漆盒。此盒专门用来盛装梳妆用具，设计合理且便于携带，令人惊叹于两千多年前古人的巧思。

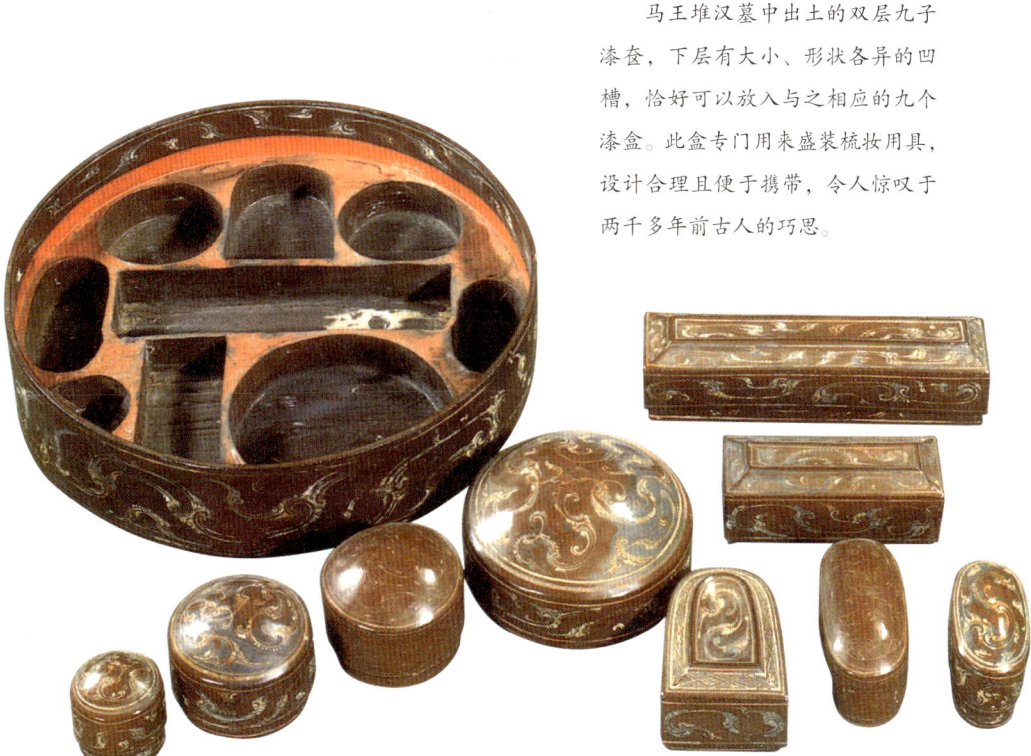

进入东汉，漆器的数量变得越来越少，装饰手法也趋于简单，整体式微之势明显，这与瓷器的兴起有着直接的关系。魏晋南北朝时，漆器依然不振。当时佛教盛行，用夹纻胎工艺制作的佛像中空轻便，常被用来车载人抬，游行于街市。

隋唐开始，陶瓷器物完全取代漆器成为日常生活使用器皿，漆器的生产规模也随之缩小，但是，漆工艺却没有停止发展，追逐华美成为时尚。**"今之工法，以唐为古格，以宋元为通法"**（《髹饰录·序》），虽然出土和流传下来的隋唐漆器实物并不多，但依然可以从中看到高超的制作技巧将物品做得精美绝伦，展现出大气恢宏的时代特征。这一时期的**金银平脱和螺钿镶嵌**工艺有不俗的表现，据史料记载，由于金银平脱过于奢靡，唐肃宗多次下令禁止制造。

入宋后，伴随城市化和商业化的发展，民用漆器逐渐兴盛，杭州、温州、福州等地皆以制作漆器著称。

江苏常州市武进区南宋墓出土**庭院仕女图戗金莲瓣形朱漆奁**，纹饰优美，刀法娴熟，工艺水平极高，从落款可知是温州制作。依靠制胎、髹漆工艺的进步，结合宋代文人清隽典雅的风尚，制作极精的素髹漆器经常见诸文人士大夫的墓葬中。它们并不追求在漆层上的各种装饰效果，而是凸显造型之妙。胎体精薄轻巧，起棱分瓣，曲线优美，洗练简洁，虽无纹饰，却令人赏心悦目。

元代，整体艺术风格虽然追求华贵，但皇家贵族似乎对漆器的兴趣不大，宫廷依然使用**素髹漆器**，与民间的区别仅在于官方专属的红色和**"内府官物"**铭记上。1980 年北京延庆发现元代窖藏文物，其中一件朱漆光素圆盘底部有三行款识，中行"内府官物"，右行"泰定元年三月漆匠作头徐祥天"，左行"武昌路提调官同知外家奴朝散"。

江南仍是民间漆艺制作中心，漆工名家辈出，**雕漆巨匠张成、杨茂，戗金银漆名匠彭君宝**等，均为嘉兴府西塘杨汇人。他们的作品不仅闻名遐迩，而且流传海外。时至今日，我国宋元漆器在日、韩等国奉若至宝。

南宋·庭院仕女图戗金莲瓣形朱漆奁

高 21.3 厘米　直径 19.2 厘米

元·张成款剔红栀子花盘
高 2.8 厘米 口径 17.8 厘米

　　盘内黄漆素地之上雕朱漆，正面满雕一朵盛开的栀子花，旁有含苞微绽的花蕾及舒卷自如的枝叶，盘背面折边处雕红漆卷云纹，足内髹褐色漆，足内缘左侧针划"张成造"三字款。图案布局虽显夸张，却突出了栀子花这一主题，花朵硕大，肥腴饱满，枝繁叶茂。作者用不同的刀法表现出枝叶的正背，真实而自然。此盘髹漆肥厚，雕刻精湛，磨制圆润，漆色鲜亮纯正，虽历经几百年的风雨沧桑，仍然光彩夺目。

明代是我国漆器工艺发展继战国、秦汉之后又一个黄金时代。尤其是到了明中后期，伴随着经济的发展，漆器工艺的发展达到了空前的繁荣。《髹饰录》，是中国现存唯一的一部古代漆工专著。作者**黄成，新安平沙人，为明代隆庆年间的著名漆工**。黄成在自己的经验基础上，全面阐释自古以来的漆器制作方法和禁忌，并根据工艺技法**把漆器分为 14 大类（101 个品种）**。此后，在天启五年（1625），嘉兴西塘著名漆工杨明又为这部书撰写序言，并逐条加注解读，从而使《髹饰录》更加完备、丰富、易懂，为现今之人研究古代漆器的种类、技法提供了系统、翔实的宝贵资料。按照《髹饰录》的描述，当时的漆工艺已经达到了**"千文万华，纷然不可胜识"**的地步，即品种已经多到令人眼花缭乱的程度。不过，从文献和流传实物来看，宫廷当中更加喜爱使用雕漆和戗金彩漆这两个种类的漆器。

明宫内府设有二十四衙门总理手工生产，其中御前作、御用监、内官监均承做漆工活计，但分工明确，互有侧重。**御前作**专管营造龙床、龙桌、箱柜之类；**御用监**主管造办"御前所用围屏、摆设、器具及螺钿、填漆、雕漆、盘匣、扇柄等件；**内官监**下辖十作，其中油漆作专司宫殿建筑的油漆活计。永乐时期，御用监制作漆器的作坊设立在**北京果园厂**，专事造办御前所用的雕漆、填漆等漆器。永乐十八年（1420），明成祖朱棣迁都北京，为了营建紫禁城，他召集天下能工巧匠会集北京，制作器物也是不惜工本。因此，这一时期的果园厂出品的漆器雍容华贵、技艺精湛，在明朝晚期就已经成为世人追捧的对象，争相收藏。清代乾隆帝对永乐果园厂漆器也是大加赞赏，写诗多首赞颂这些精美的器物，有的还被刻在漆器上，以示纪念。

明永乐·永乐款剔红观瀑图圆盒
高 7.7 厘米 口径 22 厘米

蔗段式。盖立壁与盒身饰黄漆地雕红漆菊花、牡丹等花卉纹。盖面雕长松殿阁，阁前以围栏界出中庭，阁内一童子正在烹茶，庭中松下一老者扶栏观望对山的流瀑，身后一童子持杖侍立。盒盖内刻隶书填金乾隆题诗一首：

果园佳制剔朱红，蔗段尤珍人物工。无客开窗盼秋宇，携僮侍杖听松风。细书题识犹堪辨，后代仿为究莫同。三百年来此完璧，文房抚古念何穷。

末署"乾隆丙申仲春御题"，钤"乾""隆"印两方。盒内底心刻篆书填金"乾隆御玩"一印，足内镌针刻楷书"大明永乐年制"单行款。

康熙、雍正、乾隆三朝是清代漆器制作的鼎盛时期。清宫内务府下属的造办处负责宫廷器物的制作，其下有专造漆器的"漆作"。为了追寻更高超的技艺和低廉的成本，宫廷还经常发送图样到地方如扬州、苏州等地制作。在漆作和地方高手的共同努力之下，清宫漆器几乎无一不精、无巧不施，各种各样的造型，惟妙惟肖的质感和效果，无奇不有，令人眼花缭乱。漆器虽多是日用品，但清人力求变化，炫耀技巧，一味追求纹饰的繁复和吉祥寓意，器物的实用性反而退居其次。如**乾隆款剔红百子宝盒**，虽工精艺绝，但漆层过厚极易藏污纳垢，不便清洁。除小

清乾隆·乾隆款剔红百子宝盒
高 8 厘米 口径 14.1 厘米

盒木胎，平顶、平底，双面雕刻，以子母口分出上下。通体髹厚厚的红漆，以浮雕手法雕百子嬉戏图。童子们欢天喜地，做着各种各样的游戏，有斗蟋蟀、捉迷藏、击鼓、杂耍等，整个场面热闹喜庆。上下两面雕童子52人，壁雕童子48人，合为"百子"。百子图乃子孙兴旺的象征，在清代宫廷极为盛行，以各种工艺形式呈现。盖内中央阴刻戗金"百子宝盒"器名款，盒内底中央阴刻戗金"大清乾隆年制"三竖行楷书款。

该盒髹漆肥厚，雕琢细腻，富有立体感，在有限的空间内雕百个童子，且神态各异，活泼有趣，足见雕刻水平之高超。

件制作外，清代宫廷中的屏风、宝座、床榻、椅凳也以繁复的髹漆为饰，同样创造了中国家具史的辉煌时代。令常人难以想象的是，清代宫廷竟将漆器上的装饰技法应用在宫殿装潢上，诸多宫殿的墙壁、额板、楹联居然使用雕漆、百宝嵌等工艺装饰，令人叹为观止。

明清的民间漆器制作也很兴旺发达，苏州的雕漆、戗金彩漆，扬州的雕漆、螺钿、百宝嵌，福州的脱胎，宁波的描金等，争奇斗艳、异彩纷呈。晚明时期，扬州江千里所制螺钿漆器声名鹊起，大家争相购买，同行竞相仿制，以至有**"家家杯盘江千里"**之说。清朝文人书房之中，各种漆器用具仍然崇尚雅致，砚盒、臂搁等文玩依然以素髹为主。扬州**卢葵生**以制漆砂砚等文玩著称于世，其作品考究，往往以清隽典雅的面貌出现。如卢葵生款百宝嵌菊石三雄图漆砂砚盒，图案虽由各种珍贵材料组成，画面却自然和谐、生动有趣。

清道光·卢葵生款百宝嵌菊石三雄图漆纱砚盒

高 5.7 厘米 长 22.6 厘米 宽 15 厘米

盒木胎，长方形，圆角，天盖地式，底部四角各有一矮足。通体髹八宝灰漆地，盖面采用"百宝嵌"工艺装饰，利用松石、螺钿、玛瑙、象牙等材料嵌成菊石三雄图。中国古代器物上的装饰图案，"图必有意、意必吉祥"。图中有两只公鸡在低头觅食，另外一只则昂首挺胸，似在啼鸣，公鸡鸣叫，可取谐音"功名"；旁边的山石上，有一株菊花盛放，花开五朵，娇艳欲滴，菊花和山石象征长寿，故整体图案有功名富贵、长命百岁的吉祥寓意。盒底髹黑漆，正中有朱漆方框"卢葵生制"篆书款印。盒内附漆砂砚一方，砚侧刻有隶书"道光甲辰春日江都卢葵生监制"款。

卢葵生，名栋，字葵生，世籍江都（今扬州），清嘉庆至道光年间人，出身于漆器制作世家，尤精百宝嵌和漆砂砚的制作。此砚盒选料得宜，画面生动，寓意吉祥，尽显一代工匠大师高超的制作水平。

明·黑漆嵌螺钿长方盒

高 7 厘米 长 13 厘米 宽 9.5 厘米

盒圆角，直壁，平底。通体髹黑漆为地，嵌薄螺钿片饰纹。平盖面，盖面钤"长春堂"印及铭一首："式如金，式如玉。君子乾乾，慎守吾椟。不告而孚，不严而肃。及其相视，若合符竹。"款署"西白铭"，钤"星贲"方章。盒的四壁均以细微的螺钿片嵌饰一蛟龙于祥云中辗转腾挪，尤其贴金饰龙鳞，金彩闪烁；龙身下为海水江崖，纹饰精美洒脱，工艺极其精湛。盒内髹黑漆，盖里嵌"江千里式"篆书印章款。

明清两代，社会的稳定、经济的发展还有漆艺的进步，再加上明清宫廷对奢华生活的要求，使得大量巧夺天工的漆器被制作出来。现在，这些珍宝多数为故宫博物院收藏，虽经历岁月的洗礼，却风采依旧，成为历史馈赠给今天的精神财富和文化遗产。

宫中的收藏

故宫博物院收藏的漆器绝大部分是清宫旧藏，仅是相对小件的日常用器或是陈设器即近两万件，如果算上同样经过髹漆工序的大型家具，数量会更加庞大。其中，明代以前的漆器数量较少，明代漆器也不过千余件，绝大多数是清代制作，更准确地说，是乾隆时期生产制作的。从皇家收藏的实物比例以及文献记载来看，最受明清帝王喜爱也是数量最多的漆器，当属雕漆，其次是戗金彩漆，之后是金漆、镶嵌等类。本章即为读者简要介绍各类漆艺，以及使用这些工艺制作的皇家珍品。

雕漆器

雕漆，顾名思义就是在漆层上雕刻纹饰，因实际操作中多采用小刀剔刻的手法，又以漆色不同而称：**剔红、剔黄、剔绿、剔黑、剔彩、剔犀**等。故宫博物院共有五千余件雕漆器，约占漆器总量的四分之一，其中绝大部分是剔红。**漆胎的制作已经非常繁复，但对于雕漆工艺来说，仅仅是开始而已，后面还有更加繁复的工序。**雕漆胎一般是木胎，偶见金属胎、紫砂胎。制作成型的**木胎要经裱布、抹灰、糙漆等步骤做好基底处理，再于其上髹漆。**通体髹一道漆后，要待其干透，才能再髹下一道漆，因此一天只能髹两道或三道漆。一道漆非常的稀薄，1毫米的漆膜往往要髹二十道左右才能形成。我们现在看到的明清雕漆器，漆层厚度基本都在 1 厘米以上，有的则厚达几厘米，也即是说，在经过繁复工序制作好胎体之后，接下来准备需要剔刻加工的漆层，又需要三个月以上的时间。漆层达到理想的厚度之后，还要经过一段时间的晾晒，待到硬度类似于现今较硬的橡皮擦一样，既不是特别松软也不至于太硬难以下刀，才可以开始正式剔刻。雕工完成后，还要再进行晾晒、打磨等工序才告结束。**繁复的工序、精细的剔刻，一件明清皇家御用雕漆器从准备到制作完成，往往要用一到两年的时间。**漫长的工期，再加上大量人力、物力的投入，其成本是惊人的，也是普通百姓无法承受的。正因如此，只有皇家才能够不计成本地大量制作供其享用。

根据《髹饰录》的记载，雕漆工艺产生于唐代。虽无记载指明其产生的原因，但应该是借鉴了同时期出现的雕版印刷工艺，《髹饰录》即载**"唐制多如印板"**。令人遗憾的是，唐代的雕漆实物一件都没有流传下来，在考古发掘中也未曾发现。根据记载，宋代的雕漆器尤其是剔红特别受文人雅士的欢迎，如《清秘藏》曰：

宋人雕红漆器宫中所用者多以金银为胎，妙在刀法圆熟，藏锋不露，用朱极鲜，漆坚厚而无敲裂。所刻山水楼阁人物鸟兽，皆俨若图画，为佳绝耳。

《髹饰录》载：

宋元之制，藏锋清楚，隐起圆滑，纤细精致。

《金玉琐碎》曰：

宋人有雕漆盘盒等物，刀入三层，书画极工。竟有黄金为胎者，盖大内物也。民间有银胎、灰胎，亦无不精妙。

同样令人遗憾的是，不仅是故宫博物院，国内考古和收藏中均未见宋代剔红。故宫博物院收藏的一件**剔红桂花圆盒**，曾被学者根据款识定为南宋作品，但其款识更有可能是后人伪造之作。国内的宋代雕漆器，主要是考古发现的**剔犀**。所谓剔犀，主要是以红、黑两种或红、黑、黄三种色漆相间髹涂，每种色漆要髹涂若干遍至一定厚度，再髹涂下一种颜色，达到要求后再镂刻云钩、回纹、卷草等图案，刀口断面显露宽窄不同的异色线纹，犹如行云流水。剔犀虽属雕漆范畴，但并不雕刻山水人物、花鸟鱼虫，别有一番韵味。

清乾隆·乾隆款剔犀云纹盘
高 3 厘米 直径 19.6 厘米

木胎，通体髹黑漆。盘面及外壁均雕云纹，在黝黑峻深的刀口断面露出红漆三道。盘外底髹黑漆，正中刻楷书填金"乾隆年制"双竖行四字款，此为后髹底漆时加刻。此盘堆漆肥厚，刻工圆润，漆质打磨光亮，与现藏于安徽省博物院的"张成造"款剔犀云纹盒如出一辙，应出自元代工匠张成之手，只可惜原款在后髹底漆时被覆盖。

在皇家收藏当中，最早可以见到元代的雕漆器。由于文献的缺乏，我们对元代时期官办作坊油漆局的生产状况并不是很清楚，但文献和实物都可以证明，当时的江南一带是漆器的制作中心且高手辈出。明代王佐《新增格古要论》中有**"元朝嘉兴府西塘杨汇有张成、杨茂，剔红最得名"**的记载。故宫博物院即珍藏两件杨茂款的雕漆器，分别是**剔红花卉纹渣斗和剔红观瀑图八方盘。**

元·杨茂款剔红花卉纹渣斗
高 9.4 厘米　口径 12.8 厘米　足径 8.8 厘米

撇口，短颈，鼓腹，矮圈足。该尊口内外均髹朱漆，颈部有弦纹一周，将颈与腹分开，通体黄漆素地上雕朱漆花纹。口内雕桃花，颈部雕菊花、栀子花和百合花等，腹部雕茶花、牡丹、桃花、百合等。足内髹褐色漆，内缘左侧针划"杨茂造"三字款。此尊造型敦实，线条柔和，集四季花卉于一器之上，似百花争艳。全尊漆色似枣红，髹漆较之张成的作品稍薄，花纹疏密有致，雕刻技艺娴熟，花叶边缘之处磨制精美。

元·杨茂款剔红观瀑图八方盘
高 2.7 厘米 盘径 17.8 厘米

———————————————————

　　此盘为八方形，随形置矮圈足。盘内外髹朱漆。盘内八方形开光，曲栏内设亭阁一座，亭前树石相依，古松斜插，高过屋脊，枝杈纵横。庭院内一位高髻、长髯、身着曳地长袍的老翁立于栏杆前，欣赏着对面山石中涌出的瀑布。童子立于老翁身后，亭内另一侍童欲端茶至院中。图案下面雕刻天、地、水三种不同的锦纹。盘内外壁为黄漆素地雕刻俯仰花卉，有茶花、栀子花、牡丹、蔷薇。盘底髹黑漆，正上方有后来所刻的戗金"大明宣德年制"楷书款，左侧隐约有"杨茂造"三字针划款。此盘造型规矩，漆质红润鲜亮，雕刻一丝不苟。其中房屋、门窗横平竖直，井然有序，人物洒脱、飘逸，花草的叶脉纹理清晰逼真，宛如一幅立体画卷。

　　由于年代久远，**清宫旧藏元代雕漆也不过十余件**而已。除了有明确款识的器物，其他都是根据器型、纹饰风格、雕刻特点等综合评判认定。例如，以花卉、花鸟为主题的元代雕漆，一般不刻锦地，而是以黄色素漆为地，即在胎上先髹若干道黄漆，再于其上髹红漆以备剔刻。花卉有牡丹、山茶、芙蓉、梅花、桃花、栀子花和菊花等，既有单独呈现，如剔红栀子花盘，也有几种花卉同时出现，如**杨茂款剔红花卉纹渣斗**。以山水、人物为主题的作品，一般刻有三种不同形式的锦纹，用以区别不同的空间。所谓**锦纹或锦地**，就是在主题纹饰之下起烘托、陪衬作用的纹饰，一般是相对简单、规则的图形密布排列。元代雕漆上有**天锦、地锦、水锦**。天锦以窄而细长的单线刻画，以此表现辽阔的天空；地锦用方格或斜方格为轮廓，内刻八瓣小花，好似繁花遍地；水锦由流畅弯曲的线条组成，恰似川流不息的河水。

元·"张敏德造"剔红赏花图圆盒
高 6.9 厘米 口径 21.5 厘米

　　圆盒，蔗段式，平盖面髹红漆，以天、地两锦纹作地，压雕重檐殿宇人物图案。以围栏界出庭院，院中二老者赏花，殿阁翠竹、湖石环抱，阁内二童子做饮膳之备。人物雕刻细腻，形态逼真。立壁黄漆地上雕各种花卉。盒底左侧边缘有"张敏德造"针划竖行款。此盒构图完美，刀法精湛，状物逼真，俨如一幅工笔画。其刻款和雕刻风格均与张成雕漆一脉相承。据文献记载，元代雕漆的基本特征为"藏锋清楚，隐起圆滑"，此件作品完全体现了这种特征，为元末雕漆的杰作。张敏德为元代髹漆艺人，其生平不详，这件赏花图圆盒为现今所知张敏德唯一作品。

　　明朝国祚近三百年，雕漆尤其是剔红，因其喜庆的色彩、奢华的装饰效果在宫廷格外受欢迎。其在不同的时期具有不同的特点，**清宫旧藏的明代雕漆可分为明早、中、晚三期。**

　　明早期包括洪武、永乐、宣德三朝。虽然至今未见有"洪武"款识的雕漆，但从历史文献可以看到，在永乐元年永乐帝赏赐日本国王妃的礼物中，就有雕漆盒、盘、花瓶、果碟等。从雕漆制作工期考量，这些器物不可能是永乐元年所造，必是前朝作品。由此亦可见，**当时统治者喜爱雕漆，不仅大量制作满足宫廷所需，还把它们作为国礼赠送**。永乐十八年（1420），明成祖朱棣迁都北京，**御用监在皇城内建立了专为皇家服务的漆器作坊——果园厂**，专事造办御前所用的雕漆、填漆等漆器。

据《明会典》记载，为了营建紫禁城，当时轮班到京服役的油漆匠每次多达五千余人，并视需要分为"住坐"（长期）和"轮班"（短期）两种情况，果园厂内的工匠应是从中挑选出来的制漆能手。文献还记载，元代**雕漆巨匠张成之子张德刚**，也被皇帝亲召进京主管漆器的生产。因此，永乐时期果园厂生产漆器的工艺水平，是各地优秀匠师按照皇家审美和要求，发挥自身高超技艺的展现。加之皇家制器不计成本，故这一时期的雕漆器美艺精，可谓明代漆工艺的巅峰。

传世的**永乐雕漆**以**盒、盘为主**，还有少量**盖碗、盏托、小瓶、踏蹬**等。**盒有两种形制**，在文献里依据其形态，分别命名为**蔗段式**和**蒸饼式**。所谓蔗段式，如同甘蔗被截断，圆形，平顶，直壁，平底微微内凹；蒸饼式则是圆形，盖略隆起，器壁内收，平底微微内凹。装饰的图案以花卉、山水、人物为主，处理手法亦有规律可循。以花卉为主题的图案，一般出现在圆盘、蔗段式盒、蒸饼式盒上。花卉之下不刻锦纹，而以黄漆为地，显然是继承了元代雕漆风格。但不同的是，**元代以花卉为主题的作品，纹饰疏朗有致，其下的黄漆地空间亦较大，而永乐雕漆上的花卉纹饰满布，黄漆地较小，有紧凑感**。以山水、人物为主题的作品，一般雕刻在盘和蔗段式盒上。图案下依旧衬托代表天、地、水的三种锦纹，处理手法和元代雕漆相同，只是水纹的处理稍有变化。元代雕漆中的水纹以弯曲的线条表现，永乐时期的水纹则以波折线条表现。除了花卉、山水人物图案，永乐时期的装饰主题还有**云龙纹、云凤纹、灵芝螭纹**等。特别值得一提的是，永乐时期的龙纹粗壮、威猛，给人一种霸气强势的感觉，恰能反映当时统治者的时代风貌。

永乐雕漆一般髹漆层次较厚，风格上继承了元代张成、杨茂的技法，雕刻精细，图案的边缘打磨圆润光滑，不露棱角和雕刻的痕迹。从永乐朝开始，在雕漆底部刻有明确的年号款识，具体的做法是在底部靠边沿处竖刻**"大明永乐年制"**六字，因其像是用针刻画出来的样子，故称其为**"针划款"**。还有一个非常有意思的现象，在若干件宣德款雕漆器的款识下面，竟能隐约看到永乐款的痕迹！从文献记载可知，原来是宣德时期工匠的技艺出现退步，制作出来的雕漆作品不尽如人意，宣德帝不满就治罪于工匠。这些可怜的工匠被逼得没有办法，就偷偷购买永乐时期的雕漆器，然后把永乐款抹去，重新刻上宣德款呈进皇宫。这几件雕漆器就成了这段历史的见证，流传到清代乾隆朝，乾隆帝还特意在他的诗中多次提到此事，并命人将诗刻在器物之上。

明永乐·剔红牡丹纹圆盒
高 6.5 厘米 口径 18.5 厘米

盒通体黄漆素地，雕红漆花纹。盖面满铺大花三朵，构成均衡的三角式图案。盒壁雕各种花卉，盒内及底髹赭色漆，底部左侧边缘有刀刻填金"大明宣德年制"楷书伪款，款下有涂抹痕迹，隐约可见"大明永乐年制"针划原款。

明永乐·剔红云龙纹圆盒

高 6.5 厘米　口径 18.6 厘米

蔗段式。通体髹黄漆素地，雕红漆云龙纹。盖面菱形锦纹地上雕云龙戏珠纹。盒壁雕云纹，盒内及底髹赭色漆，底部左侧边缘刀刻填金"大明宣德年制"楷书款为后刻，款下有原针划"大明永乐年制"款。

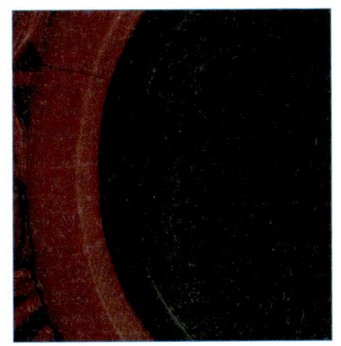

明永乐·永乐款剔红莲花纹圆盒
高 3.5 厘米　口径 7.4 厘米

蒸饼式，通体黄漆为地，用写实的手法精雕盛开的莲花，筋脉清晰，极具活力，枝叶翻转卷折自如的表现手法，为永乐雕漆的特点之一。底部左侧边缘有"大明永乐年制"针划款。

清代乾隆帝一生作诗四万余首，一人之力竟可与《全唐诗》比肩。乾隆帝的诗文涉及当时的政治、军事、经济、文化等各个方面，内容极其丰富，可谓研究当时宫廷政治和生活的宝贵资料。作品当中亦有不少专门品评、鉴赏文玩的诗词，充分反映出乾隆帝的个人喜好和文化素养。尽管漆器种类众多，但经学者研究统计，**乾隆帝一生只为雕漆器和脱胎漆器作诗**，其他品种则未受青睐。其中，为永乐雕漆器作诗 25 首、宣德雕漆器 13 首、嘉靖雕漆器 12 首、万历雕漆器 2 首。由此可知，乾隆帝在众多品类的漆器中，独爱雕漆和脱胎漆器，并特别欣赏明代的雕漆作品，尤以永乐朝为最。在这些诗词里，有不少乾隆帝的按语，说明诗中词句的出处、典故和自己的感想，可以让现今的我们充分体会他的所思所想。

乾隆帝咏永乐朝雕漆器诗

咏永乐雕漆盒

果园佳制剔朱红，蔗段尤珍人物工。

无客开窗盼秋宇，携僮侍杖听松风。

细书题识犹堪辨，后代仿为究莫同。

三百年来此完璧，文房抚古念何穷。

乾隆帝按：所雕人物景如此。

题永乐雕漆进履图

果园永乐创为模，漆器雕镌精巧殊。
斯岂洪鋈所能写，只疑道衍授之图。
彼因进履明其忍，乃寓筹帷炫已谟。
深险无非资诡计，匠家徒尔费工夫。

乾隆帝按：漆匠名，见明《嘉兴府志》。

咏永乐雕漆画景盘

坐对健谈高尚趣，世间那肯姓名留。
不知何许人如拟，应是野王二老流。

亦有松风亦有轩，但看相对不闻言。
未经宣德偷官匠，喜尚年标永乐存。

乾隆帝按：永乐中，果园厂制剔红器，针刻「大明永乐年制」字，比元季作者似为过之。宣德时，厂器不逮前，工匠被罪，因私购内藏盘合，磨去永乐针书细款，刀刻宣德大字，浓金填掩之，故宣德款皆永器也。间存永乐原款，则希有矣。见《帝京景物略》。

题永乐雕漆三友盒

果园创精制，生面画图开。
竟貌闻谅直，弗资松竹梅。
张茂如有问，许勃自相陪。
策杖阶前者，应为高怿来。

题永乐雕漆爱莲盒

弃置山庄历有年，犹看永乐细纹镌。
溪亭正值荷开候，即景欣他是爱莲。

明永乐 · 剔红双螭芝草纹圆盒

高 7.7 厘米 口径 23.5 厘米

咏永乐雕漆双螭芝草盒

乾隆帝按：见《帝京景物略》「庙市」卷。

剔红原出果园厂，蒸饼类将花草施。

蔗段较哉斯次矣，剑镮比则谓过之。

细书永乐犹存款，巧购内藏未售私。

却忆舜时十人谏，似兹精亦岂曾知。

乾隆帝按：宣德时立后厂，器不逮永乐时所制，工匠被罪，因私购内藏盘盒，磨去永乐针书细款，刀刻宣德大字，浓金填掩之。此盒永乐细款犹存，盖未经私购者。

题永乐雕漆品茶图盒

代传永乐号，选匠事雕镂。
画先唐寅作，人为陆羽流。
避烟双燕去，扇火一僮留。
置内宜何物，龙团小品收。

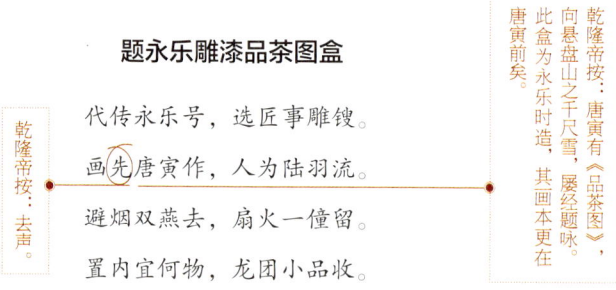

咏永乐雕漆爱莲茶盘

巧匠精雕图爱莲，错陈朱绿浅深镌。
幸犹未致俗工改，细字宛存永乐年。

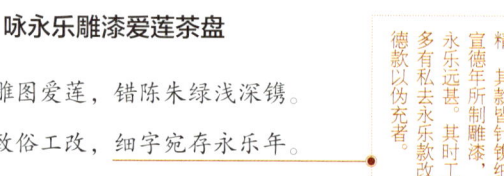

咏永乐雕漆碗托子

托子尚余永乐制，不知碗失自何年。
画图悉泯刀痕刻，款识犹存针迹悬。
补以后休诮居上，阙其半乃幸成全。
幸全那免重阙半，掷笔翻因笑鞬然。

题永乐雕漆八仙盘

针刻犹存永乐制，匠工未许易雕镌。
写生真足称独手，布景宛看会八仙。
杨茂张成徒往代，汉臣唐士友忘年。
老人南极坐无事，鹤舞鹿鸣听自然。

明永乐·永乐款剔红花卉纹葵瓣式盏托

高 7.7 厘米 口径 23.5 厘米

题永乐雕漆峰云松籁香盒

翠岫闲云出，苍松飒籁含。

徘徊坐高士，眺听自忘谈。

全泯雕镂迹，当如图画参。

于中贮沉水，雅合供瞿昙。

题永乐雕漆百花盘

见恒永乐细针镌，亦颇芟名赝鼎传。

独此百花制甲午，纷如群卉写黄筌。

细枝摇若迎风袅，嫩叶翻犹带露鲜。

运意摹神夺画格，果园那得混为宣。

乾隆帝按：盘刻「大明永乐甲午年制」。

咏永乐雕漆牡丹盒

漆巳十人谏，加雕应若何。

增华惊后世，信鲜挽回波。

花映祥曦暖，叶承瑞露多。

细针镌永乐，谁与护而呵。

咏永乐雕漆祥花尊

漆亦最称古，雕斯踵事华。

精工传永乐，尊器见祥花。

俯朵仰葩簇，翻枝覆叶斜。

三生认时卉，一偶却无差。

题永乐雕漆垂钓盒

靖难兵回称永乐，果园漆器制精良。

盒图垂钓一老叟，广孝应缘拟广张。

乾隆帝按："广张三千六百钓"，李白《梁甫吟》用太公事。

咏永乐雕漆砚屏

盒盘漆器彩曾见，稀见朱雕为砚屏。

作者七人泯姓氏，会于一处入丹青。

抚琴动操四山响，展卷观书满座馨。

云外胎仙戛然下，欲相结友可能听。

咏永乐雕漆赏梅盒

松下曲栏遮，孤亭静且嘉。

风情敲竹叶，春信递梅花。

鹤岂烹茶避，琴非挂壁斜。

有僮三两侍，不认是林家。

题永乐雕黑漆太真上马图盒

永乐雕工技绝孤，直教染漆不调朱。

徒观天宝倚栏立，却是太真上马图。

方喜温泉行乐耳，那知北塞起兵乎。

身亲靖难诚无此，执艺何妨有谏徒。

明永乐·永乐款剔红楼阁人物图葵瓣式盒

口径34.2厘米 底径26.3厘米 高4.4厘米

明永乐·永乐款剔红花卉纹盖碗

口径20.2厘米 底径8.6厘米 高16厘米

咏永乐雕漆茶花盒

别翻花谱样，图作宝珠丛。

朵朵能承露，枝枝如受风。

雕幾泯痕迹，深浅谢皴烘。

以置趮台里，真称照殿红。

题永乐雕漆小盘

松鹤之间抚爨材，是谁高士坐相陪。

小山欲听淮南操，不为高山流水来。

乾隆帝按：去声。

题永乐雕漆登瀛盒子

内局漆雕求雅精，图因博古述登瀛。

便教傅会文皇盛，总属家门事倒行。

咏永乐雕漆茶盘

细针刻末匠人偷，筇杖伊谁适罢游。

咫尺高轩归咏句，聊因解倦试茶瓯。

咏永乐雕漆撷芳图盒子

曲栏干畔小徜徉，湖石回看喜撷芳。

童子花篮肩负处，不殊李贺背奚囊。

咏永乐雕漆盒子

湖山庭院霭深沉，玉笋嬉游作队森。

竹马纸鸢相闹处，鲁论可忆少怀心。

咏雕漆多子盒

果园精器多男画，永乐年乎宣德年。

未被匠人行窃刻，不传却得以真传。

乾隆帝按：《帝京景物略》载，明永乐年，果园剔红雕漆远胜元季作者。宣德时，工人屡以不逮永乐时所制获罪，因私购内藏盘盒，磨去针刻细款，刀镌宣德大字，以浓金掩之。是器尚未被窃刻，虽莫定为永乐、宣德，而其真转因以传矣。

明代宣德时期的雕漆，最重要的发展是剔彩工艺的出现。所谓**剔彩**，顾名思义就是在胎体上髹不同颜色的漆，每种颜色都需要髹涂到一定厚度后，再换另外一种颜色；髹涂完毕进入雕刻环节，当需要某种颜色时，就先剔去覆盖在上面的其他颜色漆层，再开始雕刻花纹。一件采用剔彩工艺的雕漆器物，图案是由高低错落、不同颜色的漆层呈现出来，给人一种艳丽又充满立体感的视觉享受。宣德漆器上的款识处理方式和永乐时期截然不同，不再采用"**针划款**"，而是采用刀刻楷书"**大明宣德年制**"款后**填金**的方式。款识的位置并不固定，有的在器物底部中心处刻竖款，有的在底部正上方刻横款，有的在底部左侧刻竖款，还有的在盖上刻横款。从宣德朝开始，刀刻填金款成为明清漆器款识处理的典范。

明宣德·宣德款剔彩林檎双鹂图捧盒
高 19.8 厘米 口径 44 厘米

盒圆形，通体采用红、绿、黄、黑四色漆交替髹涂，剔彩层自下而上依次为红、黄、绿、红、黑、黄、绿、黑、黄、红、黄、绿、红漆 13 层。盖面在朱漆锦地上雕林檎果实，两只黄鹂栖息枝头，空隙间点缀以蜻蜓、蝴蝶等。盒壁雕牡丹等花果纹。盒内及底髹红漆，盖面正上方凸起的长方格内，刀刻填金"大明宣德年制"横行楷书款。

此盒剔刻精细，色彩绚丽，图案生动活泼。这种效果不仅依赖分层取色，而且靠刻后研磨取得。此法表现了宣德时期雕漆工艺的新成就。此盒是目前所见明代最早的剔彩漆器。

乾隆帝咏宣德朝雕漆器诗：

咏宣德雕漆八仙罐

厂园漆器细雕镂，蔗段明标宣德年。

聚八仙人相笑傲，阅三百岁尚完全。

已轻元凯声名炫，远异顾厨禁锢蠋。

尘世酒浆那宜贮，尧时宝露合盛笳。

咏宣德雕漆盒

果园贻此器，宣德识其年。

色炼丹砂焰，纹成如意连。

一圆月上下，四百岁完全。

经剩文房玩，抚吟为憬然。

乾隆帝按：底刻『大明宣德年制』。

咏宣德雕漆盒

代笔以刀画意传，胜于汉法吏侵权。

高人望月松笼影，僮子烹茶鹤避烟。

何借大家诩元季，显标内府制明年。

因思谏者十人昔，未必精工若此然。

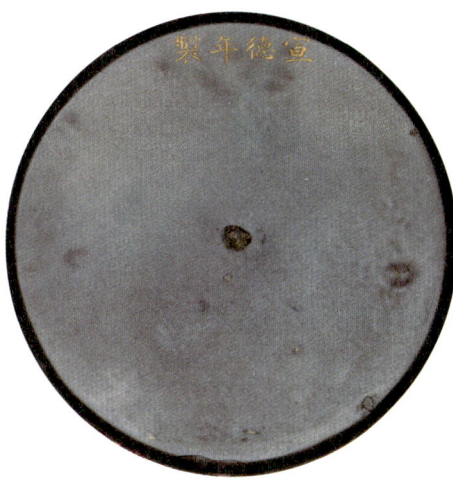

明宣德·宣德款剔红楼阁人物图圆盘

口径 17.6 厘米　底径 12.8 厘米　高 3.3 厘米

明宣德·宣德款剔红莲托梵文荷叶式盘

口径 23.9×15.3 厘米 底径 16.5×8.8 厘米 高 2.6 厘米

题宣德雕漆四子盒

二子寻幽径，两贤对剧棋。

不须问姓氏，总是契埙篪。

那借填前号，居然肖旧规。

如闻相讲德，写出子渊词。

乾隆帝按：《帝京景物略》载，剔红填漆，永乐中果园厂制，比元作者似为过之，其底针刻「大明永乐年制」字，宣德时剔红等制终不逮前，工匠被罪，因私购内藏盘盒，磨去永乐细款，刻宣德大字，浓金填掩而进之云云。此盒镂刻精细，不让果园遗制，且年号字小，似非改刻旧款也。

咏宣德雕漆九龙盒

永乐创朱漆，文孙应见之。

原从果园制，亦类肯堂为。

着色层披赭，雕纹细入丝。

九龙各蠖略，粉本所翁贻。

题宣德雕漆盒

越瓷今颇富宣窑，漆器希逢宣德雕。

朱盒依然成内府，文房雅足伴疏寮。

幽人自适聊为步，童子相随若可招。

图也不须施渲染，艺林生面认前朝。

咏宣德雕漆登楼奕棋图

事绘黄冈禹偁文，丁丁入子若堪闻。

仲连干木联翩至，想欲登楼为解纷。

咏宣德雕漆士女盒

图成士女用深宫，不见刀痕见画工。

调鹤教鹦当化日，薰炉揽镜对和风。

周昉笔得入神处，常建词兼寓意中。

大字金填掩永乐，笑他何必太精穷。

乾隆帝按：《帝京景物略》载，漆器永乐中果园厂制最精，宣德时制不逮前，因私购内藏盘盒，磨去针书永乐细款，刀刻宣德大字，浓金填掩之，故宣款皆永器云云。作伪心劳，殊可笑也。

咏宣德雕漆五君子盘

满七除其二，在十去以五。

谓鬼韩文嘲，咏君颜诗补。

图中宛其人，多难屈指数。

要之均为贤，姓字宁烦举。

乔松庭院间，揖让翩仙侣。

遥缅舜之臣，安得为弼辅。

乾隆帝按：颜延之《五君咏》乃指阮籍、嵇康、刘伶、阮咸、向秀。又，按《小学绀珠》载，「五君」顾邵、诸葛瑾、步骘、严畯、顾又、徐铉、李昉、石熙载、张承、又，王祐、王祐、李穆亦号『五君』。

咏宣德雕漆抚琴盒

须鬟看皤然，相于两地仙。

调琴松入操，烹茗鹤嘘烟。

道笈非俗韵，尘寰即洞天。

问渠潇适者，可识五朱弦。

明宣德·宣德款剔红牡丹纹圆盒

口径 15 厘米　高 8.5 厘米

咏宣德雕漆登瀛盒子

细雕漆盒事称唐，把玩无殊李画张。

稽古居今非玩愒，枕经藉史共相羊。

试看一代褰和夏，未愧当年杜与房。

西苑同游人十八，登瀛太觉效秦王。

乾隆帝按：内府旧藏李公麟《十八学士登瀛洲图》，曾作歌咏其事。

乾隆帝按：明宣宗尝宴大臣于西苑，命蹇义、夏原吉、杨士奇、杨荣等十有八人从游万岁山，复赐登御舟泛太液池。虽一时称为盛事，然有意仿效贞观，未免着相耳。

咏宣德雕漆横琴盘

茶盘朱漆尚深红，图写横琴坐老翁。

细睇金书宣德款，疑更永乐出毚工。

乾隆帝按：明宣德时，雕漆器不及永乐时所制精巧，工人因窃磨永乐针刻细书款，刀刻『宣德年制』大字。刘侗《帝京景物略》详载其事。

咏明宣德雕漆燕山五桂图盒

谏者十人器谁见，果园近更事雕幾。

休称漆已永乐逊，且胜磁如修内稀。

格物通乎坚脆理，论时可识废兴机。

喜他道古不邻俗，五桂燕山是也非。

乾隆帝按：官汝窑为宋时修内司所造，今已稀见。若永乐、宣德雕漆器，时或有之，究以代近且漆坚于瓷也。

正统、景泰、天顺、成化、弘治、正德六朝共八十余年，在漆器的研究当中被认为是**明中期**。这一时期的官方制造似乎出现了停顿，至今没有见到当时年号款漆器的出现。

在清宫旧藏的明代雕漆中，有一批器物和明早期、晚期器物的风格迥异，被认为是明中期作品。它们的**造型多样**，有梅瓶、八方形捧盒、提匣、高足碗、棋子盒等，把实用性和观赏性结合在一起。**装饰图案也更为丰富多彩**，一改早期整朵大花满铺的装饰手法，改为折枝花卉和花鸟题材，如鸳鸯荷花、喜鹊登梅、绶带牡丹等。人物题材也由原来的携琴访友、观瀑等固定场景改为历史故事，如五老过关、雀屏中选、渭水访贤等，还有表现生活情趣的牧牛图、渔家乐、婴戏图等，具有浓厚的民间生活情趣，唯不见龙凤装饰纹样。这一时期的雕漆器普遍髹漆不厚，有的作品保持了早期磨工圆润的特点，而有的则打磨不够圆熟。还有一个特点是，无论花卉还是人物故事题材的作品均**刻有锦纹**，早期在黄漆地上雕刻装饰图案的处理手法已不见踪影。在清宫旧藏中，还有一批明代雕漆器风格非常独特，很多学者认为，它们很有可能就是文献中提到的云南雕漆。明代高濂《**遵生八笺**》载：

云南以此为业，奈用刀不善藏锋，又不磨熟棱角，雕法虽细，用漆不坚，旧者尚有可取，今则不足观矣。

沈德符《**万历野获编**》中也指出：

今雕漆什物，最重宋剔，其次本朝永乐、宣德间所谓
果园厂者，其价几与宋埒。间有漆光暗而刻纹拙者，众口贱
之，谓为旧云南。

这批雕漆髹漆薄，漆色暗，无光泽，构图紧密，雕刻的图
案却丰富多彩，有栩栩如生的螳螂、蜜蜂、游鱼、蚂蚱、蛇、
蛙等小动物，还有象征长寿的盘长、灵芝，具有浓厚的地方特
色。雕刻手法正如上述文献所记载的那样**"用刀不善藏锋，又
不磨熟棱角"**。种种迹象表明，明中期官办作坊不再生产漆器，
明早期宫廷御用漆器的统一特性和风格模式已消失，取而代之
的是充满民间生活情趣和不同地域特色的风貌。

明中期·剔红花鸟人物图二层长方提匣
通高 24.4 厘米 长 25.8 厘米 宽 17.2 厘米

匣双层，上层内备黑漆屉。匣通体剔红，盖
面雕人物郊游图。立壁前后雕杏林春燕图，两侧
雕石榴花纹。提梁连座为红漆地雕黑漆灵芝纹。
匣内及底髹黑漆，无款。

明中期·滇南王松造款剔红文会图方形委角盘
高 3.9 厘米 边长 24.5 厘米 足边长 19 厘米

　　委角方盘，随形圈足。盘内壁剔刻方格"乐"字和花卉锦地，上雕各种花卉纹。盘外壁雕蔓草纹。盘心随形开光，内雕祥云飘浮，远山近水，山石树木，楼阁庭院，描绘出宴饮、观画、投壶等文会图景，共20余人。图中建筑影壁上刻"滇南王松造"五字款，是目前所知唯一刻王松款识的雕漆作品。底髹黑漆，无款。

明中期·剔红松竹梅草虫图盒

高 9.2 厘米　口径 27.2 厘米

　　扁圆盒，盖面密刻松、竹、梅组成的"岁寒三友"主题图案，点缀以蜜蜂、蝴蝶、螳螂、蛙、蜥蜴，具有浓郁的乡土生动气息。盖与器壁雕缠枝莲及八宝纹，口边雕斜格花卉锦纹，近足处饰一周莲瓣纹。盒里髹红漆，底髹黑光漆，无款。此盒风格独特，构图繁缛，刀工琐碎，刻后不磨，锋棱俱在。

明晚期是指嘉靖、万历这一时期。嘉靖万历时期，官办漆器作坊得以恢复和发展，继续大量制作雕漆器。嘉靖的雕漆刻后不磨，也不隐藏切削的痕迹，锋棱毕现。万历的雕工则更进一步，雕刻精细，刀锋深峻陡直，呈现锋棱之美。嘉靖时期的剔彩不仅数量多，风格也与宣德时期有所区别。宣德剔彩的效果是**磨显**出来的，而嘉靖剔彩则是**分层取色**，每种颜色漆层都比较厚。嘉靖朝雕漆器物的造型也更加丰富多彩，出现了茨菰式盘、银锭式盘、荷叶式盘等多种造型，令人耳目一新。万历时期首次出现方形、长方形委角的盘或盒，成为这一时期最具特点的器形。因为嘉靖帝信奉道教，所以嘉靖时期漆器的最大特点就是装饰题材以长生不老、升仙、祝寿为主，还出现了以松竹梅枝干盘成"福""禄""寿"等吉祥文字的图案。万历朝则是以龙凤为装饰主题。总体而言，**明晚期宫廷雕漆器在装饰上崇尚缜密、繁缛的构图，与之相适应的是工艺上力求精细，尤其是万历朝雕漆器雕工一丝不苟，极见功力。**

明嘉靖·嘉靖款剔彩货郎图

高 5.2 厘米 口径 32.2 厘米

圆盘通体剔彩，自下而上髹土黄、红、黄、绿、红五层漆。盘内圆形开光雕货郎图。正中一老者手持鼗鼓，后置货郎担，四周有八童子欢闹嬉戏，背景为桃树山石。画面以红漆为主，间绿、黄等色，并以黄漆刻天地锦纹。盘边刻红、绿龙纹。盘背边为剔彩灵芝纹。足内髹红漆，正中有刀刻填金"大明嘉靖年制"楷书六字竖行款。

此盘漆质干涩，雕工不细，但漆色运用精美独到，为嘉靖剔彩的代表作。这一时期的漆色虽仍以红、黄、绿为主，但已有同一颜色的色差之别。孩童着装与花叶红绿相间，由红绿渐黄，随妆露色，浓淡适宜。绘画题材被运用到雕漆作品中，使剔彩漆器表现出崭新的面貌。

明嘉靖·嘉靖款剔红松竹梅纹福禄寿字圆盒
高 8.6 厘米 口径 18.7 厘米

圆形，平盖面，通体绿漆为地，上雕朱漆。盖面海水江崖，松竹梅纹，以枝干盘绕成"福""禄""寿"三字。盖壁及器壁雕飞鹤翔凤、海水江崖。外底及盒里髹黑漆。

明嘉靖·嘉靖款剔彩莲塘龙舟纹荷叶式盘
高 3.8 厘米 长 21.5 厘米 宽 10.6 厘米

盘荷叶形，通体髹红、绿、黄色层漆，分层取色，雕刻纹饰。盘心开光内雕两童子撑龙舟前行，水面莲花盛开。盘内外边黄漆锦地上雕莲花、水禽等纹，与曲折翻卷的盘边互动，极富流动之感，表现出高超的雕刻技艺。底髹黑漆，正中有刀刻填金"大明嘉靖年制"楷书款。

厳漆精工出
果園希均二百
歲餘夸昜朱宛見飛
龍遑襯綠遲者潑海瓤
高下遠知列天地圖果来
識卅乾坤義経泰否明
標卦否孚従来脊昔言
乾隆丙申孟春
御題

故107899

嘉靖款剔彩乾坤云龙纹圆盒

072

乾隆帝咏嘉靖朝雕漆器诗：

咏嘉靖雕漆飞龙盒

厂漆精工出果园，希珍二百岁余存。

剔朱宛见飞龙逴，衬绿还看渤海翻。

高下徒知列天地，刚柔未识叶乾坤。

羲经泰否明标卦，不学从来有昔言。

题嘉靖雕漆八方飞龙盒

蔗段增华制越精，飞龙九五喻同声。

肖形那虑十人谏，出角宛看八卦呈。

讵有惕乾勉帝德，只惟修炼冀仙京。

慎哉阅器必阅世，定论难辞惇史评。

咏嘉靖雕漆碗

乾隆帝按：麟、凤、龟、龙，谓之四灵。兹但刻龙凤，故云。

刻镂尽精奇，皇坛乃用之。

断纹虽旧泯，完器至今贻。

翔鬣二灵卫，琳琅七宝披。

青词谁所撰，多半出分宜。

咏嘉靖雕漆三星盒

三星像设致虔禋，寓意还教作器陈。
福禄寿原修为己，正刚柔那义勤民。
贪婪岂复问奸相，政令大都付桰人。
咏物由来堪论世，戒之宁在果园珍。

乾隆帝按：光明殿旁庑供三星，犹嘉靖年所奉祀也。

乾隆帝按：是盒刻『福禄寿』三字，云鹤翔集其间，工作巧而寓意精，盖当时修醮所用也。

咏嘉靖雕漆碗

果园精品别朱红，嘉靖相承永乐同。
梓氏髹人各呈技，捎当捲素递施工。
跻堂略寓称觥意，或跃原包利见中。
设使盂圆凛切己，修斋当日岂钦崇。

乾隆帝按：篆刻『万寿』二字。

乾隆帝按：绕以升降二龙。

题嘉靖雕漆盒

明漆盒存大者鲜，完而大此物之尤。
朱将为绛阅年久，刻不留痕见技优。
斋醮徒供用西内，奸贪那事问东楼。
由来以器堪论世，周鉴在殷同是不。

咏嘉靖雕漆茶盘

果园秘制刻雕精，破闷偏宜茗碗擎。
何必宣成寻旧器，越窑新样煮三清。

乾隆帝按：尝以雪水烹茶，沃梅花、佛手、松实啜之，名曰『三清茶』，记之以诗，并命两江陶工作茶瓯，环系御制诗于瓯外，即以贮茶，致为精雅，不让宣德、成化旧瓷也。

明嘉靖·嘉靖款剔彩乾坤云龙纹圆盒

咏嘉靖雕漆福字盒

犹是果园旧制贻，增华匠氏骋新奇。
细雕全泯斧刀迹，巧写如赢图画披。
凤舞龙飞势夭矫，花敷藻蒨挺葳蕤。
簇成福字醮坛用，却忘乎嵩窃福为。

题嘉靖雕漆龙凤丹台盒

雕漆朱明代有传，独称嘉靖好求仙。
回环龙凤供随扈，叱咤风雷听命宣。
紫气不殊函谷日，青瞳似降禹余天。
道如可道非常道，糟粕丹炉异五千。

题嘉靖雕漆云龙盒子

云龙本以喻君臣，雕漆因之新样陈。
试问修真用器者，钤山贪佞岂其人。

题嘉靖雕漆银锭盒

西苑应缘用道场，游龙舞鹤共翔翔。
延禧自⑪长生术，那计苍生瘠与疮。

乾隆帝按：⑪去声。

076

明嘉靖·嘉靖款剔红仙鹤三友图套盘（大）

高 2.2 厘米 口径 20.2 厘米 足径 14.6 厘米

御题

乾隆庚戌

龚仙子

大明嘉靖年製二層

咏嘉靖雕漆盘

雕盘精记几层牢，想为醮坛叠置高。

可笑尔时称瑞者，鹿生子与获仙桃。

乾隆帝按：明果园厂漆器最精。此嘉靖二雕漆盘，底刻第二层、第三层，盖当时醮坛用为供器，欲叠高以表其敬耳。

乾隆帝按：嘉靖崇信左道，惑溺已久，甚至懈后获桃，苑鹿生子亦谓奇祥，诩称天春，尤为可笑。

明万历·万历款剔彩双龙纹委角长方盒
高10厘米 长30厘米 宽18.2厘米

盒平盖面，剔彩红、绿、黄等色。盖面上部雕朱漆方格锦地为天，下部饰绿漆为海，主题为双龙戏珠，空间饰以云纹，气势颇壮。盖、盒边沿立壁均刻缠枝花卉纹，并密刻筋脉，是万历时雕漆常见的做法。足内刻填金楷书"大明万历乙未年制"横行八字款。

明万历·万历款剔彩双龙戏珠纹圆盘

高 4.6 厘米 口径 28.7 厘米 足径 22.9 厘米

通体自下而上髹红、黄、绿三色漆四层，分层剔刻出各色纹饰。盘心以红漆方格花卉锦纹为地，压雕红、绿双龙戏珠纹，并在空间处饰海水江崖和折枝花卉。盘边作菱形开光，内以黄、绿漆刻锦地，雕松、竹、梅岁寒三友图，开光之间黄漆方格花卉锦地上雕折枝牡丹纹。背边以红漆雕缠枝花卉纹样。足内有"大明万历壬辰年制"楷书款，已被涂抹但依稀可见，此器纹饰刻工精细，刀锋犀利，运刀如笔，是万历雕漆中最为精美且最具代表性的作品。

乾隆帝咏万历朝雕漆器诗：

咏万历雕漆方盒

初政肃雍犹顾箴，倦勤临莅岁年深。

视朝发奏徒充耳，郑戚福藩特系心。

漆器想绿分邸用，庄田那靳别州侵。

祗今方盒供清玩，咏物思时惕不禁。

咏万历雕漆太平盒

乾隆帝按：藩，去声。

龙擎天下太平钱，盒识犹看金字镌。

溺爱出藩为争地，疏情前席已多年。

鸳班空半诚奇矣，鸿业忘全更甚焉。

驯致明亡是谁咎，对斯宁不面赪然。

明万历·万历款剔红开光花卉龙纹方盒

边长 26.5 厘米 高 9.5 厘米

龍擎天下太平錢盒
識猶看金字鐫溺愛
出藩為爭地踈情前
席已多年駕班空半
誠奇矣鴻業總全更
甚焉馴致明之是誰
咎對斯寧不面靦然
乾隆癸卯御題

清代，内务府负责宫廷事务的打理，其下设**造办处专门负责器物的制作**。实际上，内务府派驻地方的机构和官员，也会根据地方特色为宫廷制作器物。清宫档案显示，乾隆时期的造办处经常根据皇帝旨意发送图样或实物到苏州制作雕漆器。

由于档案的缺乏，我们不得而知康熙朝是否制作雕漆器。但在两岸故宫博物院的收藏中，都未见到有康熙朝款识的雕漆器，似可推测这一时期未曾制作过。其中原因无法知晓，可能是跟皇帝个人喜好有直接关系。另外，前文已述雕漆器的制作极其复杂，需要投入大量的人力物力和财力，因此，**只有在相对平稳、经济发达的社会环境中，雕漆工艺才能得以产生和发展**。明末清初，战乱瘟疫频生，民生凋敝，雕漆工艺自然销声匿迹。康熙一朝虽亦属盛世，但还处于社会财富积累阶段，雕漆工艺同样处于逐步恢复阶段。

清宫旧藏中亦未见有雍正款识的雕漆器，所幸的是，雍正一朝造办处记录制作器物的档案流传至今，可以让我们一窥究竟。从记载来看，雍正帝对雕漆器比较感兴趣，但造办处似乎无人掌握此项工艺。如雍正四年（1726），雍正帝命人将一件雕漆荔枝盒拿到造办处的漆作，传旨"**此盒做法甚好，着问家内匠役若做得来，照此样做几件。将原样擦磨收拾仍交进。钦此**"。

然而，在后面的档案中，只有把雕漆荔枝盒收拾好的记录，并未见到之后照样制作的记载。与造办处漆作的尴尬相比，当时江南地区的雕漆工艺则已经完全恢复。雍正七年（1729），时任江宁织造的隋赫德即向雍正帝进贡"**雕漆五龙宝座一张**"。小件雕漆制作已属不易，能完成宝座这样的体量巨大之物，可以想见当时江南工匠技艺的纯熟。

乾隆一朝政通人和，加之康熙、雍正两朝社会物质财富的累积，各种工艺品的制作水平在这样的大环境下被推向了巅峰，其中自然包括雕漆工艺。故宫博物院收藏清代雕漆器四千余件，绝大部分都是乾隆时期所造。

有意思的是，尽管乾隆帝咏明代永乐朝雕漆器的诗几乎是咏嘉靖、万历朝的两倍，看上去应该更加欣赏永乐朝的作品，但是，本朝的实际风格却更加接近嘉靖、万历朝的特点。比如**刀工，乾隆朝雕漆的刻工技法与嘉靖、万历朝刀工犀利的风格相近，刀法快利，打磨但保留切削的锋棱，且磨工不及明早期细腻圆润。**

除继承传统之外，各种新颖、别致的器形也是层出不穷。以雕漆盒为例，有模仿航船造型的；有吉祥文字造型的，如寿字、福字等；还有仿书卷式、书函式的，林林总总，不胜枚举。乾隆帝好古，因此，仿青铜器和玉器也是这一时期雕漆器独有的造型特点。

乾隆朝漆器上的纹饰也是不拘一格，花卉果实、飞禽走兽、云龙云凤等，可谓包罗万象。在满刻锦纹的漆地上雕刻山水人物，并加刻诗文词句，都是乾隆时期出现的表现手法。特别是以文人雅事为内容的图案，如周敦颐爱莲、陶渊明爱菊、米芾拜石、携琴访友、洗桐图、观瀑图、题壁图等，人物刻画生动自然，构图层次清晰、主题鲜明，颇具绘画意境。

清乾隆·乾隆款剔红枫叶秋虫纹带座盒
通高 8.5 厘米 盒高 5.2 厘米 口径 13.5 厘米

盒通体红漆雕枫叶，细密的筋脉为锦地，压雕秋蝉、蝈蝈各一。盒内髹黑漆，内底刻楷书"大清乾隆年制"六字款。盒下承枫叶形座，边刻海水及莲瓣纹。乾隆时期的雕漆重刻工而轻磨工，雕工精细纤巧，锦地面积增大。此盒状物逼真，匠心独具，是乾隆朝雕漆的杰作。

清中期·剔红团花纹书卷式盒

深9.9厘米 宽14.8厘米 通高14.3厘米

　　盒分三层，由一书函式盒与三卷轴式盒叠落而成，造型惟妙惟肖。盒上雕长条形题签，两端嵌象牙，象征纸页。通体以绿漆回纹为地，红漆团花为纹，仿织锦效果。团花分为螭龙、四瓣朵花、寿字三类，横向成行，竖列交错，斜向统一，疏朗有致，文人气息浓郁。底座髹黑漆并雕刻锦地。清代宫廷流传下来的书卷式盒种类繁多，造型有别，体量不一，兼具实用性和观赏性。

清中期·剔红八吉祥云蝠纹香舫
长62厘米 宽20厘米 通高67.5厘米

"舫"即船也，下部为舟，上部为舱。通体
髹红漆，舟身两面浮雕莲托八吉祥纹。前舱为四
角亭式阁，上雕锦纹；中舱略低，镶嵌花格玻璃，
顶上立龙头旗杆，上挂旗幡；后舱两面雕云蝠纹。
船头、船尾设置四个抽屉。乾隆时期，工匠尤擅
制作标新立异的工艺品。这件香舫完全以陈设赏
玩为目的，史无前例。

乾隆朝雕漆器的款识为刀刻填金年号，
常见落在器底正中或盖内、器内底，刻楷书
"大清乾隆年制""乾隆年制""大清乾隆
仿古""乾隆仿古"等。**很多雕漆器上，除
了年号款识以外还有器名款，档案中称其为
"名色签"。"名色签"主要是根据纹饰主
题、造型特点、使用功能等方面给器物起的
名称，多用吉语。**如"百子宝盒"，盒面雕
刻的图案即一百个孩童在玩耍嬉戏的情境。

又如"菱花凤盒"，其造型为菱花式。再如"百子晬盘"则是婴儿抓周时使用的盘子。**在器物上，只要有"名色签"，就一定有年款，但有年款，不一定有"名色签"。**

目前来看，尚无单做"名色签"的例外。据学者统计，漆器上的**"名色签"**如下：

团香宝盒、洗桐宝盒、寿春宝盒、九龙宝盒、驯狮宝盒、益寿宝盒、云龙宝盒、戏婴宝盒、拜石宝盒、放鹤宝盒、採菊宝盒、琴德宝盒、仪凤宝盒、寿春宝盘、百子晬盘、大吉宝案、百子宝盒、翔龙宝盒、海月香盘、飞龙宴盒、步月宝盒、八仙宝盒、如意云盒、如意云盘、雅集宝盒、问渡宝盒、书圣宝盒、双喜方盒、双凤长盒、菱花凤盒、鹤鹿长盒、海棠仙盒、八仙长盒、问樵宝盒、交螭宝盒、福寿圆盒、如意宫盒、万福圆盘、万福凤盘、芝云宝盒、采芝宝盒、赤壁宝盒、高螭宝盒、观书宝盒、荟福宝盒、课耕宝盒、葵心宝盒、莲航宝盒、梅英宝盒、牡丹宝盒、升平宝盒、寿英宝盒、听琴宝盒、万花宝盒、仙侣宝盒、献寿宝盒、翔凤宝盒、祥花宝盒、竹溪宝盒、吉祥宝盒、吉祥圆盒、夔凤宝盒、菱花凤盒、诗仙宝盒、兰亭宝盒、竹林宝盒、听鹂宝盒、流觞宝盒、观莲宝盒、题壁宝盒、弹琴宝盒、弹棋宝盒、群芳宝盒、调琴宝盒、联骑宝盒、瑞草圆盒、观瀑宝盒、秋旅宝盒、观鱼宝盒、泛舟宝盒、携琴宝盒、仙舟宝盒、松鹤宝盒、听松宝盒、五福环盒、换鹅宝盒、星槎宝盒、听读宝盒、鼓琴宝盒、抚琴宝盒、劝耕宝盒、题扇宝盒、六龙宝碗、观渔宝盒、菊英宝盒、三龙宝盒、雕龙宝盒、飞鱼宝盒、葵花宝盒、献花宝盒、柳桥宝盒、玩鹅宝盒、龙凤集福盘、龙环宝寿盘。

这些名称可不是任由工匠随意而起，通常是做完器物呈送给乾隆帝，皇帝认可后派人送到懋勤殿，旨令翰林学士们为器物"拟名色""写款样"。如：

乾隆三十四年一月二十九日

……太监胡世杰交红雕漆云龙盒一对、绿雕漆云螭虎盒一对、绿雕漆红鱼盒一对、绿雕漆异兽盒一对。传旨：着按漆盒上花纹拟名色、刻年款，先贴样呈览。钦此

于二月初三库掌四德等将雕漆盒四对贴得年款、盒名样持进交太监胡世杰呈览。奉旨：交懋勤殿着翰林另写再刻。钦此

又如：

乾隆三十八年九月二十三日

库掌四德、五德，笔帖式福庆来说，太监胡世杰交红雕漆腰元盒一对，红雕漆长方盒一对（舒文 进）。传旨：着交懋勤殿拟名色签子呈览。钦此

于十月初四库掌四德、五德将红漆盒四件，盒里贴得名色款样交太监胡世杰呈览。奉旨：照样准刻。钦此

于十月十二日库掌四德、五德将红漆盒二对刻得款交太监胡世杰呈进。

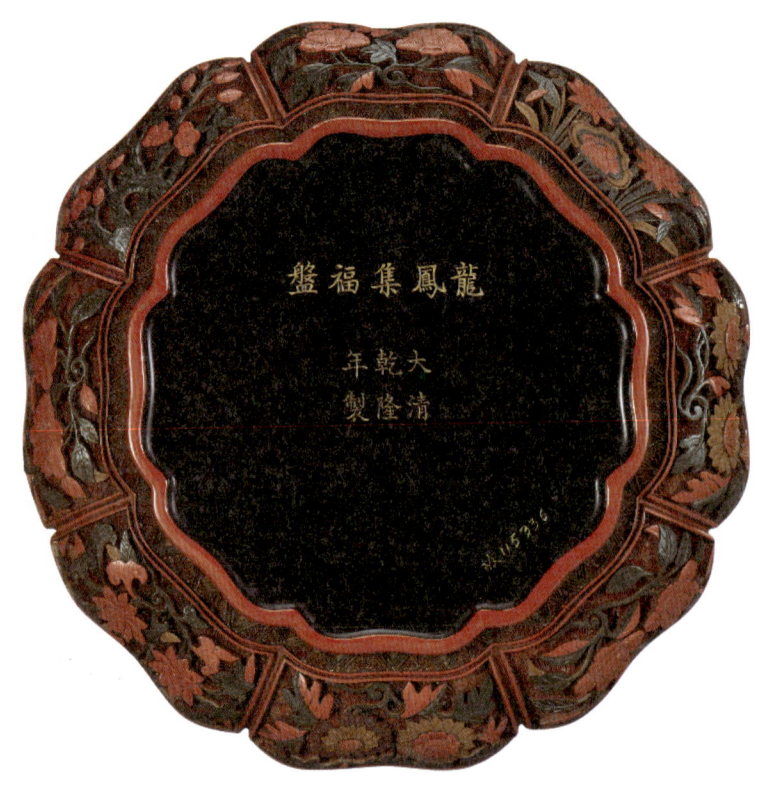

清乾隆·乾隆款剔彩"龙凤集福盘"
口径 19.5 厘米　足径 13.5 厘米　高 3.5 厘米

　　葵瓣式盘，圈足随形。盘面自下而上依次髹红、绿、红、褐、黄、绿、红七层色漆。盘心开光内深雕一双钩"福"字，笔道内填充梅花、竹枝、如意、古琴、银锭、宝珠、珊瑚等各式图纹，开光以外交错排列龙、凤、鹤三种纹样。外壁雕蔷薇、栀子、荷花、梅花等折枝花卉。外底中央阴刻戗金楷体"大清乾隆年制"六字三竖行款，其上横刻"龙凤集福盘"器名款。

清乾隆·乾隆款剔红海月香盘
高 3 厘米 长 21.4 厘米 宽 16.5 厘米

盘椭圆形，荷叶式。盘心海水中的圆形开光仿佛一轮皓月，内饰戗金彩漆月宫故事图，在桂花树下，玉兔持杵正专心捣药。开光外满雕海水纹，波浪层层，浪花飞溅。外底近足处，阴刻戗金楷体"大清乾隆年制"单横行款，其下刻"海月香盘"器名款。此盘采用戗金彩漆和雕漆工艺制作而成，体现出乾隆朝工匠对各种漆艺的纯熟运用，是集多种工艺于一身的代表作品。

清乾隆·乾隆款剔红"团香宝盒"
高6.5厘米 口径14.5厘米

梅花式，上下对开，子母口。通体满雕红漆桂花纹，盒内髹黑漆，盖内刻填金"团香宝盒"器名款，器内刻"大清乾隆年制"楷书款。

与中国传统以对称为主的装饰法不同，此盒通体满雕桂花不露漆地，明显带有同时期西洋洛可可装饰风格中自然、卷曲、娇柔、细腻的特征。

清乾隆·乾隆款剔红"问渡宝盒"

高 11.6 厘米 口径 33 厘米

　　圆盒盖面雕山石、树木，一老者坐于岸边，三位路人走来，一人与老者攀谈，远处山水之间驶出一叶小舟，有问渡之意。盒壁锦纹地上雕海棠、兰花、芙蓉、荷花等花卉组成的团花纹。盒内及底髹黑漆，盖内刻"问渡宝盒"器名款，盒内底刻"大清乾隆年制"楷书款。

填漆与戗金彩漆器

　　填漆与戗金彩漆是两种不同的工艺技法。**填漆即填彩漆**，做法是先在胎上鬃涂底漆，然后在漆地上描画花纹轮廓，再将轮廓内的漆皮剔除掉，填入色漆，待干后再研磨，使得花纹与漆面齐平。**戗金**，是在漆地上用刀或锥刻画出花纹，然后在纹路线槽内打金胶，再将金粉或银粉粘上去。**戗金彩漆即是将填漆与戗金工艺结合在一起使用**，旧时北京漆器制作行业将其称为"雕填"，即先做填漆，然后沿着花纹轮廓和纹理刻画阴线，再在线槽内打金胶，播撒金、银粉或贴金、银箔，之后用刷子拂去表面的粉末或箔，有胶处则附着其上，使得填漆花纹形成金色或银色的轮廓及纹理。也有将描漆与戗金结合在一起的技法，所不同的是花纹呈现的方式不一样。描漆是在底漆之上把花纹描绘出来，而填漆则是把底漆按照花纹的要求剔除，再填入相应的色漆形成花纹。描画出来的花纹比漆面略高，仔细观察可以分辨出来，但不会影响整体装饰效果，工艺难度及成本却可大大降低。《髹饰录》中这两种技法分别称之为**"戗**

明中期·填漆梵文荷叶式椭圆盘
高 3.8 厘米 长 24.5 厘米 宽 16 厘米

　　盘卷边呈荷叶式。通体以红漆为地，填草绿、
红、黑、黄、墨绿等色漆花纹。盘心饰梵文七字，
周边饰荷叶及筋脉。

金细钩填漆"和**"戗金细钩描漆"**，现在研究者统称为"戗金彩漆"。

　　明代的填漆技法已完全成熟，明代高濂《遵生八笺》即载：**"宣德
有填漆器皿，以五彩稠漆堆成花色，磨平如画。"**可惜的是，明早期的
填漆器存世数量极少，嘉靖、万历之后始见增多。

清代宫廷当中，戗金彩漆器的数量仅次于雕漆器，这种在填漆或描漆的基础上再运用戗金的技法，比单纯的戗金而没有彩色的花纹，或是单纯的彩色花纹而没有金色烘托，都要更加的富丽奢华，因此受到宫廷的欢迎。

清中期·填漆锦纹梅花式盒
口径 23.4 厘米 足径 19.8 厘米 高 9 厘米

盒木胎，梅花式，盖顶出檐隆起，随形圈足。通体髹朱漆地，填绿漆锦纹。盖面隆起处，居中为一个连续回纹围成的梅花式开光，内饰龟背花瓣锦纹；盖面边沿又饰一周连续回纹。盖、器上下各有五个开光，装饰内容与盖顶类似。足外壁环绕三角几何纹。里及外底俱髹黑漆。

明万历·万历款戗金彩漆双龙捧寿纹椭圆盒

高 11.5 厘米 长 33.5 厘米 宽 20 厘米

盒木胎，椭圆形，平顶斜肩。通体以红、黄、绿、紫等色漆填饰花纹。盖面红漆地黑漆方格描金锦纹衬底，黄、绿双龙腾飞于海水江崖之上，相向捧一草书"寿"字，寓意万寿无疆。盒边及器壁均为黄漆地，饰缠枝花卉。上下口边开光，内饰云纹等。盒内及外底髹黑漆，底有刀刻填金"大明万历癸丑年制"楷书款。

清乾隆·乾隆款戗金彩漆"如意宫盒"

长42.7厘米 宽34.5厘米 足长35厘米 足宽26.8厘米 高25厘米

　　盒木胎，椭圆形，子母口，盖器各半，圈足。通体髹褐色漆为地，饰戗金彩漆纹样。盖面中心刀刻戗金如意云头，下方蝙蝠口衔缠枝莲花，承托两对称的团"寿"字。云头四周环绕绶带缠绕的八支如意，头尾相对，上下左右环系四磬。盖、器弧壁上各有四个菱花形开光，内饰飞蝠及各种缠枝花卉，取万福如意之寓意。口沿上下锦纹密布，上饰祥云开光的飞蝠纹，间隔以番莲花。足外壁绘夔龙缠枝莲纹。里及外底俱髹黑漆。外底居中近上沿处刀刻戗金楷体"大清乾隆年制"六字横行款，下方署"如意宫盒"器名款。

清乾隆 · 乾隆款戗金彩漆"万福凤盘"
高 3.3 厘米 长 29.8 厘米 宽 19.7 厘米
足长 25.7 厘米 足宽 15.4 厘米

盘长方形委角，浅壁微鼓，平底，矮圈足。通体髹朱色底漆，采用戗金彩漆技法，填绿、黄等色漆装饰花纹。盘内底以填漆工艺装饰龟背锦纹，其上装饰一对相对飞舞的凤凰，中间有一牡丹簇拥的团"寿"字，"寿"字上方有一只蝙蝠口衔字符，暗含万福之意。盘内壁饰缠枝花卉纹，外壁绘暗八仙纹。外底近顶部有"大清乾隆年制"横行楷书款，其下有"万福凤盘"双竖行器名款。

漆盘纹饰刻画流畅，凤凰飘逸舒展，戗金耀眼夺目，给观赏者带来雍容华贵的视觉享受。从凤凰、团"寿"字、万福等特点可推断，此件漆盘应是为宫中地位较高的女性祝寿所用。

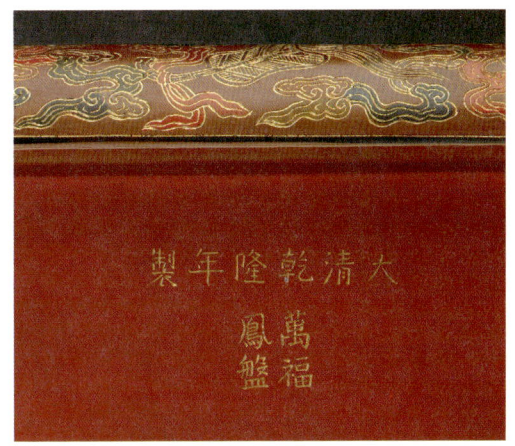

脱胎漆器

　　故宫博物院藏近千件清代所制脱胎漆器，绝大部分是乾隆时期苏州工匠所造。其工艺是**先用泥土或木头制成器形作为内模，然后用漆糊数重麻布贴在模上，干固后去掉内模，便剩下布胎，再于其上髹漆装饰**。因是布胎，最早的称呼为**"夹纻胎"**，"纻"指苎麻织成的粗布。夹纻漆器出现于汉代，魏晋以来佛教盛行，中空轻便的夹纻胎常被用

来制作可以车载人抬、游行街市的佛像。时至清代，因其轻盈好似无胎一般，又称其为**"脱胎"**。乾隆时期宫廷内的脱胎漆器共有两大类，一类是乾隆元年由造办处做样，发往苏州制作的脱胎香色地五彩西番莲纹**"佛日常明"**盘；另一类是从乾隆三十八年（1773）起，乾隆帝先后命苏州工匠依据明永乐菊花盘样式制作的脱胎朱漆菊瓣式盘，以及日后制作的脱胎朱漆菊瓣式盖碗、盒。根据乾隆御制诗推测，应是乾隆帝看到明永乐时期的朱漆菊瓣盘后甚是喜爱，不仅作诗称颂，还下旨令苏州工匠仿制。工匠的仿品比原作更加精彩，乾隆帝非常满意，于是又欣然作诗称赞，并令工匠刻在脱胎菊瓣盘、盒之上。

清乾隆·乾隆款脱胎香色地五彩西番莲纹"佛日常明"盘
高 3.3 厘米　口径 16.2 厘米

　　圆盘内光素黄漆。盘背边髹黄漆地，用红、黄、绿等色漆彩绘西番莲莲纹间四个圆形开光。开光内紫漆地，红色锦纹上饰描金"佛日常明"四字。足内黑漆，正中双方框内楷书填金"乾隆年制"双竖行款。

清乾隆·乾隆款脱胎朱漆菊瓣式盘

口径 16.7 厘米 足径 11.3 厘米 高 3.8 厘米

　　盘菊瓣式，敞口，浅壁，平底，高圈足。通体髹朱漆，盘心刀刻填金隶体乾隆御制诗《咏仿永乐朱漆菊花盘》："吴下髹工巧莫比，仿为或比旧还过。脱胎那用木和锡，成器奚劳琢与磨。博士品同谢青喻，仙人颜似晕朱酡。事宜师古宁斯谓，拟欲撝吟愧即多。"末署"乾隆甲午御题"，"乾""隆"二方印章款。外底髹黑漆，刀刻填金楷体"大清乾隆仿古"六字三竖行款。查阅清宫档案可以发现，乾隆三十八年（1773）以后，皇帝曾多次令苏州成做脱胎朱漆菊瓣式盘，在乾清宫、瀛台、镜清斋、画舫斋等宫殿陈设。

清乾隆 · 乾隆款脱胎朱漆菊瓣式盖碗
口径 10.8 厘米 通高 9.8 厘米

　　夹纻为胎，极为轻巧。外罩朱漆。碗心髹黑漆，并刻乾隆皇帝丙申年（1776）所作诗。盖钮刀刻填金篆体"乾隆年制"双竖行款。此类脱胎朱漆菊瓣式碗、盘现存尚多，系乾隆皇帝命苏州工匠仿照旧器样式成做。据现存清宫内务府档案，最早记录始自乾隆三十八年（1773）。乾隆皇帝对仿品显然十分满意，曾两次作诗题咏。碗内所刻诗，即称赞脱胎工艺制成的菊瓣式盖碗比真花还要轻巧。

乾隆帝咏脱胎漆器诗：

咏永乐朱漆菊花盘

初明制器果园时，四百年兹雅玩贻。

绝后徒劳宣德仿，空前真比至元奇。

轻于纸叶朱红艳，坚似金胎菊瓣蕤。

虞舜椎轮应逊此，十人犹谏义当思。

咏仿永乐朱漆菊花盘

吴下髹工巧莫比，仿为或比旧还过。

脱胎那用木和锡，成器奚劳琢与磨。

博士品同谢青喻，仙人颜似晕朱酡。

事宜师古宁斯谓，拟欲摛吟愧即多。

再题仿永乐朱漆盘

碎瓣菊花攒，仿成永乐盘。

匪黄处士讶，渥赭硕人看。

在手若无物，因心识有官。

思量均易致，惟是得贤难。

题朱漆菊花茶杯

制是菊花式，把比菊花轩。

啜茗合陶句，裛露掇其英。

金漆

描金又称泥金画漆，即在漆地上饰描金花纹。大致的做法是先在漆地上画出花纹，然后在花纹内打金胶，之后将金粉播撒在金胶之上，或者是粘贴金箔，最后再抹去多余的金粉或金箔即成。还有一种装饰效果几乎相同的技法，即先将金箔捣碎成末，然后与胶混合搅拌在一起，再经清水反复过滤沉淀多次，最终形成"泥金"，用毛笔蘸取后直接在漆地上描绘花纹。

描金工艺最早出现于楚国时期的漆棺上，之后虽有延续发展，但并不是漆器装饰的主流，反而是传至日本后，在当地发扬光大，形成独具特色的"莳绘"工艺，在明代反传回中国，很多文人竟纷纷在笔记当中记载其为外来工艺。在清宫旧藏当中，黑漆描金和红漆描金两种比较多见，亦有少量的紫漆描金。

金漆云蝠纹三层带座套盒

通高 28 厘米　边长 18.2 厘米

清乾隆·乾隆款红漆描金凤穿牡丹纹银里碗
口径 17.5 厘米 足径 9.2 厘米 高 7 厘米

　　木胎，敞口，圈足。通体髹朱漆并描金，体现出宫廷器用装饰之奢华。碗壁绘牡丹、凤鸟组合的吉祥纹样，凤鸟穿梭飞舞于牡丹花丛之中，也称"凤穿牡丹"，寓意幸福美好。足壁饰描金海水纹一周。口沿及碗里镶银。碗底描金双方框内，署楷体"大清乾隆年制"六字三竖行款。据档案记载，此碗当时共制有 16 件，如今全部保存于故宫博物院，一件未失。两百多年来，纹饰依旧光鲜如新。

清乾隆·乾隆款黑漆描金山水人物图方胜式盘

长 36.5 厘米 宽 27.5 厘米
足长 27.5 厘米 足宽 18.4 厘米 高 3.8 厘米

　　浅盘，木胎，方胜式，平底，随形圈足。通体髹黑漆地，饰描金图纹。盘心为两幅一角相叠的山水楼阁图，远、中、近景布局得当，山峦重叠，古树苍劲，水波荡漾，亭台水榭错落有致，一叶小舟徐徐前行。描金处采用山石皴法，层次分明，浓淡成晕，呈现清静幽雅、意境高远的气象。盘内壁绘六瓣花卉纹锦地，外壁饰团花。外底散落各式折枝花卉，中心双方框内署描金楷体"乾隆年制"四字双竖行款。此盘借鉴日本莳绘技法，在描金纹饰上髹涂透明漆并进行研磨，使漆地更加乌黑光亮，纹样更富立体感。

114

罩金，就是在描金工艺的基础上，**在器物表面再罩一层透明漆**。金粉罩漆后颜色加深，不仅显得稳重，金色也更加持久。

清早期·罩金漆山水人物图长方盘
高 6.6 厘米 长 50.3 厘米 宽 31 厘米

长方形，委角，壶门式足。通体髹黑漆，饰描金图纹，上罩透明漆。盘心开光内峰峦叠嶂，树木繁茂，山水相连，楼阁掩映，众多人物活动其间，其景物之深远，蔚然壮观。正上方题有南宋诗人戴复古七言绝句《初夏游张园》一首："乳鸭池塘水浅深，熟梅天气半晴阴。东园载酒西园醉，摘尽枇杷一树金。"盘边开光饰梅、兰、石榴各种，开光外饰锦纹。足壁饰描金花蝶、杂宝纹。

识文描金是清代金漆中颇具成就的工艺。所谓识，即凸起之意；**"识文"，即凸起的花纹**。识文描金是利用漆灰在胎体表面堆出立体的花纹，然后在花纹上描金或贴金箔。饱满的纹饰加上金色的烘托，识文描金工艺比平面描金显得**更加精美华贵**。

清中期·识文描金瓜瓞纹瓜式盒
长 21 厘米 宽 16.2 厘米 高 10.5 厘米

　　盒木胎，瓜式，子母口，一端有瓜蒂形钮。通体髹金漆，其上采用识文描金工艺装饰三只蝴蝶在丰收的瓜田中翩翩飞舞，寓意"瓜瓞绵绵"。瓜间藤繁叶茂，硕果累累。蝴蝶造型、舒展优美。盒内髹褐色漆，饰洒金地。"瓞"即小瓜，始生时虽小，但逐渐生长，绵延不绝，因此被赋予子孙昌盛之意。据《故宫物品点查报告》记载，此盒"内盛雕玉鼻烟壶四个"，原藏于紫禁城永寿宫。

日本莳绘漆器

　　莳绘是日本特有的漆器加工技法，起源于奈良时代（710—794），由日本漆工学习中国唐代的**"末金镂"**（初始阶段的中国洒金工艺，播撒金锉粉再罩明研磨推光而得器物纹样。）工艺而来，距今已有上千年的历史，是世界公认的日本漆器工艺的代表，为日本文化的国粹。故宫博物院收藏有日本莳绘漆器达千余件，绝大部分为清宫旧藏，工艺精致，造型多样，种类丰富。从**功能**上区分，可分为文房用具笔筒、文具盒、砚盒、墨盒、书格、盛纸箱等；**饮食**器具盘、碗、勺、执壶等；**娱乐**用具围棋盘、棋子盒、双陆棋盘等；**陈设**和**生活**用具屏风、桌、几、枕等；还有造型各异、大小不一的匣盒，用来**盛装**各种器物用。17—18世纪随着海洋贸易的发展，拥有日本莳绘漆器成为欧洲贵族的时尚，江户时代（1603—1868）莳绘漆器大量向西方输出，同时，通过贸易渠道来到了中国，继而进入宫廷当中。

　　"莳"有移植、栽种的意思，"莳绘"二字比较形象准确地说明了其工艺的基本特点。简单来说，**就是用漆在器物胎体（主要是木胎）上**

四方委角形，四层，平底。通体在黑漆地上采用平莳绘技法饰松竹纹。匣里髹红漆，带旧黄签，上写"嘉庆十八年十二月初七日收海子撤下洋漆文具一件"。

描绘纹样，在未干时播撒金银粉，然后再加工研磨的工艺。经过千年的发展，莳绘已经形成一整套独立、完善的工艺体系，所用金粉根据成色和大小等区别，有几十个不同的种类，因播撒粉料形状、大小、颜色的不同，播撒疏密的不同，磨显与否的不同，高纹、平纹、暗纹的不同，呈现出不同的视觉效果和千变万化的美感。

从工艺技法和艺术效果上来看，清宫旧藏的莳绘漆器主要可分为两大类。一类是以黑漆地为主，其上采用研出莳绘、平莳绘、高莳绘、莳晕等技法装饰纹样。**研出莳绘**，简单来说是在器物表面用漆描绘纹样，在其上播撒金银粉，然后髹漆粉固后用炭研磨，再髹多层透明漆后用炭研磨，达到纹饰与漆地齐平的效果，再经反复摩擦、揩光的技法，其漆面如镜面般光亮。**平莳绘**，简单来说是在器物表面用漆描绘纹样，在其上播撒金银粉，之后再反复摩擦、揩光金银纹饰之外漆地的技法。**高莳绘**，简单来说是用炭粉、锡粉等粉末堆起纹饰，然后于其上莳绘的技法。**莳晕**，即播撒金丸粉由疏至密次第变化。

日本的外销莳绘在 17 世纪末期是以黑地平莳绘的技法为主，因为绝大部分被销往欧洲，故日本人称其为"红毛漆器"。清宫档案经常使用中国漆艺中的**"描金"**来指称此类莳绘漆器。目前故宫博物院依旧采用此种称谓，将黑漆地莳绘称为**黑漆描金**，红漆地莳绘称为**红漆描金**。

　　另一类是以梨子地、沃悬地处理没有纹饰的部分（即"地莳"），采用高莳绘、肉合莳绘等技法装饰纹样，局部还采用切金、付描技法衬托，呈现出极其奢华富丽的装饰效果。**梨子地**，播散金粉，呈现的效果如同梨的表皮一般，根据播撒的疏密又分浓梨地、淡梨地、斑梨子地、霞梨子地等。**沃悬地**，全部以金粉密布而成，也就是金地，效果如同贴金箔一般。**肉合莳绘**，即肉合研出莳绘，综合运用高莳绘和研出莳绘的技法。**切金**，将金箔裁为多个方形小块黏附在纹样之上，经常装饰在坡石、树干之上。**付描**，即撒金丸粉成阳纹脉理的工艺。清宫档案经常使用中国漆艺中的**"金漆"**来指称此类莳绘漆器。故宫博物院现在依然将此类莳绘漆器称为金漆，亦包括直接贴覆金箔为地的莳绘。

金漆山水楼阁图四层长方带几套盒

　　长方形，四层，子母口，几形座。内附盘一、盒四。在浓梨地上采用高莳绘技法饰山水楼阁图，利用莳晕技法表现远山、云气。通体构图相连，盒里为浓梨地。

以上两大类是清宫旧藏莳绘漆器的主要类别，除此之外还有**采用镶嵌贝壳、象牙、珠宝等装饰的箱匣**，故宫博物院亦有少量的收藏。清宫旧藏日本莳绘漆器上的纹样，按大类可分为花鸟、山水、人物、器物等题材，还有团花纹、折扇纹、桐叶纹等日本装饰艺术中经常使用的图案。江户时代**采用金银等不同材质组合图案**，利用不同色彩和质感的对比，产生特殊的装饰效果，如**"黑漆描金浴马图长方香几"**，在不大的空间里，莳金、银粉绘浴马图，里面人物达19人，马匹70余匹，疏密有度，杂而不乱，金银对比强烈。

黑漆描金浴马图长方香几

　　仿生、肖物是江户时代尤其是 18 世纪莳绘器物造型常用的手法。
清宫旧藏中有几百件体积如手掌般大小的莳绘小盒，形状各异，重量极
轻，里面还常配有更加小巧精致的托盘或小盒，制作和装饰亦是一丝不
苟，与主体贴合紧密，纹样描绘精细。

金漆鲤鱼式盒
高 4.3 厘米 长 11.7 厘米

以鱼为形，盖面采用高莳绘工艺饰鲤鱼
一尾，曲体翘尾，形象生动，描绘精细。鱼
身用付描工艺饰清晰的鳞片，器壁在沃悬地
上平莳绘水草纹一周。

早在明代，莳绘漆器就已经通过朝贡贸易大量进入中国，如日本享
德二年（1453）三月，日本赴中国商船九艘，货物中除铜、刀、扇外，
还有莳绘器大小 634 包。在晚明文人的笔记当中，莳绘漆器被称为**"倭漆"**
或**"倭器"**，如明代高濂《**遵生八笺**》：

漆器惟倭为最，而胎胚式制亦佳。如圆盒以三子小盒嵌内。

又如明代刘侗《帝京景物略》：

倭漆，国初至者，工与宋倭器等，胎轻漆滑。

时值清代，无论宫廷还是民间皆称莳绘漆器为**"洋漆"**，有不同的学者分析其中原因主要有两个：一是可能当时习惯上认为描金之法来自东洋，所以用个"洋"字；二是因为清代皇室身为异族，忌讳"倭"字，故而改其为"洋"。

莳绘漆器在清康熙时期就已进入宫廷，在《**圣祖仁皇帝庭训格言**》中记录有康熙帝对莳绘的看法：

漆器之中，洋漆最佳，故人皆以洋人为巧，所作为佳，却不知漆之为物，宜潮湿而不宜干燥。中国地燥尘多，所以漆器之色最暗，观之似粗鄙；洋地在海中，潮湿无尘，所以漆器之色极其华美。此皆各处水土使然，并非洋人所作之佳、中国人所作之不及也。

从这番话可以看出，康熙帝虽然是在为中国漆器的"不及"辩解，但在他心目中，日本莳绘漆器无疑要远胜于中国所制。

在造办处的档案中，可以看到雍正帝曾多次下旨造办处的工匠仿制洋漆，并对仿制的器物加以品评，如雍正七年（1729）四月以**洋漆万字锦绦结式盒**为样品，传旨造办处：

照样或烧造黑珐琅盒，或做漆盒。钦此

于闰七月三十日做得黑漆洋金万字锦绦结式盒五件，郎中海望呈进，奉旨：此盒子甚好，大有洋漆的意思，但里子略不像些。钦此又如雍正十年（1732）十月命人持洋漆盒到造办处下旨：

此盒花纹甚好，嗣后造办处如做漆盒可照此花纹做，其款式不必独照此盒款式。再，尔等进的漆盒，其漆水虽好，但花纹不能入骨，可使匠役小心加工仿做，务期入骨。钦此

从中可以看出，品味高雅的雍正帝对莳绘漆器也是非常欣赏，但显然对工匠的仿制并不完全满意。档案记载，雍正帝在器物的选用中会特别强调要使用真正的日本莳绘漆器，如雍正三年（1725），传谕造办处给一张桌子上配盘子：

此盘着寻找真洋漆盘用。

金漆山水楼阁图方套盒

边长 11.5 厘米　高 11.5 厘米

乾隆帝也同雍正帝一样，喜爱真正的日本莳绘漆器，如乾隆十四年（1749）曾传谕两广总督硕色：

从前进过钟表、洋漆器皿亦非洋做，如进钟表、洋漆器皿、金银丝缎、毡毯等件务要是在洋做者方可。

通过这条档案，至少可以解读出两个信息：**一是**地方大臣进贡到宫廷当中的莳绘漆器并不都是日本所制，也有地方仿制而成的，亦称洋漆；**二是**乾隆帝对仿制的莳绘漆器也不甚满意，还是以出自日本本土的为上。

从以上档案记载来看，康、雍、乾三帝对日本莳绘漆器显然是颇具好感，才使得紫禁城中有大量收藏。

金漆仙鹤纹亭

镶嵌漆器

镶嵌漆器主要包括嵌螺钿和百宝嵌。

《髹饰录》载：

　　螺钿，一名蜔嵌，一名陷蚌，一名坎螺，即螺填也。百般文图，点、抹、钩、条，总以精细密致如画为妙。又分截壳色，随彩而施缀者，光华可赏。又有片嵌者，界郭理皱皆以划文。又近有加沙者，沙有细粗。

　　螺钿漆器是指将螺蚌片加工成各种形状后，嵌入漆胎中拼接成纹饰，再填漆磨平的漆器。螺钿材料源于白蝶贝、珍珠贝、鲍鱼贝、砗磲等贝螺，有薄厚之分。厚螺钿一般呈白色，亦称硬螺钿。薄螺钿相对厚螺钿而言，呈多彩华光，又称软**螺钿**。考古发现，商周时期已有用蚌壳镶嵌的漆器，而真正填嵌磨显，纹饰与漆面齐平的螺钿漆器，最早出现于研磨推光工艺成熟的唐代。明末，扬州名工江千里以制薄螺钿享誉一方。清代，宫廷当中的薄螺钿漆器注重选料，剥离精薄如纸，裁切更小，镶嵌更精，且多与金银箔或描金相结合，更加绚烂光华。

元·黑漆嵌螺钿花卉纹舟式盘
长38.5厘米 宽21.7厘米 高7.8厘米

　　盘皮胎，椭圆形，洗内立板将其隔为
两部分。通体黑漆作地，镶嵌薄螺钿花纹。
口沿内侧饰一周缠枝花卉纹，外侧饰一周
连续回纹。内、外壁满饰吉祥花鸟纹饰。内
底有两个随形椭圆开光，内饰折枝茶花纹。
外底饰缠枝莲纹。

明·黑漆嵌螺钿职贡图长方盒
高 6.1 厘米 长 43.8 厘米 宽 29.8 厘米

　　盒长方形，天盖地式。通体髹黑漆地，盖面嵌薄螺钿间描金。整幅画面从一条河流开始，河的上方架三孔石桥，桥上人流如织；中部殿宇高耸，花树林立，大路通天，熙熙攘攘；殿前众人顶礼膜拜，殿后描金彩云间见龙首三；远方层峦叠嶂。以浑金作山峦，薄螺钿片填嵌花树、龙首，金碧辉煌，耀人眼目。方寸之间刻画人物六十有余，精微生动，亦汉亦胡，或牵驼，或驱象，或引狮，肩担手持，笑逐颜开，俨然一派万方来朝、观光上国的景象。作品以河海、群龙见首、万方来朝的图案来喻示河清海晏、天下太平的盛世气象。

清中期 · 红漆嵌螺钿团花纹攒盒

口径 35.6 厘米 高 10.7 厘米

　　盒木胎，子母口，顶微隆，底略凹。通体髹朱漆地。盖顶中心嵌铜鎏金团"寿"字。外壁散布黄白相间、大小不一、样式各异的螺钿团花，或三两相叠，或单独装饰，与朱漆的颜色、质感对比强烈，更显灿烂。内盛小攒盘九个，中间为一圆盘，上饰识文描金团"寿"字，周围八个扇形小盘内亦用识文描金工艺表现姿态各异的蝙蝠，描画精细，鲜亮如新。内外纹饰相互结合，取"福寿双全"之吉祥寓意。此盒将各式团花集于一体，布局看似随意却内含章法，色彩绚丽奢华，宫廷气息浓郁。团花纹既没有藏于漆下，也没有一处被磨破，工艺难度极大，可见工匠技艺的精绝。

清中期·红漆嵌螺钿团花纹攒盒（正面）

清乾隆·黑漆嵌螺钿五子夺魁图圆盒
口径 16.7 厘米 足径 12.4 厘米 高 7.2 厘米

盒木胎，圆形，平顶，圈足。通体髹黑漆为地，嵌薄螺钿间贴金片为饰。盖面描绘一妇人观看五名童子在花丛中嬉戏、争夺头盔的情景，因"盔"与"魁"谐音，故有五子夺魁、状元及第的寓意。盒内盛装白玉十二生肖及《御制寿民诗》册页。

此盒采用《髹饰录》中提到的"衬色螺钿"工艺，即以透明的贝壳薄片裁切纹样，将其底面衬上不同的色彩后，再嵌贴到漆器表面，所衬各种颜色通过透明螺片显色，呈现五光十色、斑斓绚丽的效果。

137

百宝嵌漆器，《髹饰录》曰：

百宝嵌，珊瑚、琥珀、玛瑙、宝石、玳瑁、钿螺、象牙、犀角之类，与彩漆板子错杂而镌刻镶嵌者，贵甚。

百宝嵌即是将各种珍贵材料雕磨成形后，嵌于漆胎面上。在漆器上嵌宝，这种技法在商代已有之，但真正成为一种漆器装饰工艺，则是明代中晚期之事。明末扬州著名匠人周柱，即以制百宝嵌漆器著称，人们把他的作品称之为**"周制""周嵌"**。

清中期·百宝嵌花蝶图海棠式笔筒
长13.5厘米 宽12.3厘米 高10.8厘米

笔筒木胎，四瓣海棠式，平底。口沿、底缘及弧面衔接处描金。外壁髹棕、黑色漆各半，表面装饰玉石镶嵌的蜡梅、秋菊、水仙、牡丹等四时花卉以及灵芝、翠竹和蝴蝶，其旁点缀描金花草。此笔筒以深色漆地衬托染牙、松石、白玉、玛瑙、螺钿等各色材质拼合而成的花卉虫草图，设色清爽明快，趣味高雅。

盒平盖面，垂云四足。通体在掺有鹿角屑的漆地上，用厚螺钿等镶嵌洗象图案。盖面厚螺钿嵌制出巨象一头，三人正在为大象刷洗。用厚螺钿、青玉、水晶、玛瑙等嵌制出人物及衣衫，绿松石嵌制水缸。此盒纹饰构图简洁，刻画细致，整个画面生动和谐。

清代钱泳《履园丛话》载：

周制之法，惟扬州有之，明末有周姓者始创此法，故名周制。其法以金银、宝石、真珠、珊瑚、碧玉、翡翠、水晶、玛瑙、玳瑁、砗磲、青金、绿松、螺甸、象牙、蜜蜡、沉香为之，雕成山水人物、树木楼台、花卉翎毛，嵌于檀、梨漆器之上，大而屏风、桌倚、窗槅、书架，小则笔床、茶具、砚匣、书箱，五色陆离，难以形容，真古来未有之奇玩也。

百宝嵌漆器在清代宫廷可谓盛极一时，不仅有小件的器物类，还有大体量的屏风、挂屏、插屏等家具陈设。

清乾隆·黑漆嵌螺钿云蝠山水图海棠式二层套盒
通高 13.5 厘米　长 12.8 厘米　宽 11.3 厘米

　　盒木胎，海棠花形，双层，外套一镂空黑漆罩盖，附随形座。盒通体髹黑漆地，盖面以厚螺钿嵌云纹，用红珊瑚、绿松石等嵌饰暗八仙纹，器壁用白、黄两色厚螺钿嵌密布的云蝠纹。罩盖面上用厚螺钿、孔雀石、珊瑚、玻璃等材质嵌有屋宇、小桥、山石、树木的风景图画，盖壁用染牙、珊瑚嵌饰花卉纹。盒内二层皆有小盘，盘内中心用螺钿片点缀一团花，周围环嵌四个玉石的如意云头。底层盒内小盘下还置五个精美的小攒盒，随海棠花形盒而设，中间一小圆盒，周围四个扇形小盒，严丝合缝地放入大盒中。圆盒盖上嵌饰团花，周边小盒盖上用绿松石、玉石、螺钿片嵌饰折枝佛手，盒壁描绘缠枝花卉。

　　此套盒造型新颖，用料考究，构图清新，色彩淡雅，设计精妙，是清代嵌螺钿工艺漆器中的精品。

清中期·紫漆描金嵌玉石花卉纹盒

长 37 厘米 宽 37 厘米 高 13 厘米

　　盒方形委角，木胎。盒面髹紫漆，以青玉、白玉、玛瑙、碧玺、蜜蜡、珊瑚、绿松石、黄杨木、染色象牙等材料镶嵌岁朝清供图。居中者是一件"大吉"葫芦瓶，内插南天竹和梅花各一枝，其左为两株盛开的水仙，其右是一缸金鱼，背后有一枝松枝；前方则放置葡萄、柿子、石榴和磬。它们都是冬季清雅的案头陈设，也是吉祥图案中常见的组成元素。盒盖侧面以金漆为地，绘画缠枝花卉和回纹等。

　　盒面镶嵌材料丰富多样，并综合运用了俏色、填金、雕漆等手法，工艺精湛，寓意吉祥，是一件宫廷气息浓郁的佳作。

描彩与描油漆器

描彩漆，又称**描漆**。

《髹饰录》曰：

描漆，一名描华，即设色画漆也。其文各物备色，粉泽烂然如锦绣。

描彩漆是以彩漆作画，亦可称为漆画。此工艺在战国、汉代盛极一时，纹图多样，花纹飘逸。唐宋以后，相比装饰效果更为华丽的新品种，描彩漆则逐渐式微。清代宫廷的描彩漆器并不多，但工艺相当考究。

描油的方法和描彩漆相同，只是因为大漆调不出翠绿、雪白、粉红等鲜艳的色彩，装饰效果受到限制，因此用桐油替代漆来调制颜料。《髹饰录》曰：

描油，一名描锦，即油色绘饰也。其文飞禽、走兽、昆虫、百花、云霞、人物，一一无不备天真之色。

以**桐油**调制出来的漆色彩艳丽，变化多样，更容易表达出图案色彩的效果，增强作品的艺术表现力。描油与描彩漆器相同，在清代宫廷当中，数量并不多，但工艺水平一流。

清中期·红漆描红葵瓣式盒

口径 22.2 厘米 高 7.5 厘米

盒木胎，葵瓣式，平盖面，凸起葵瓣形钮，子母口，盖器各半。通体髹红漆为地，其上描绘淡红色缠枝莲、花卉纹。盖面随形界出八瓣，每瓣之上绘缠枝莲花两朵。盒壁绘缠枝花卉纹。里及外底髹黑漆。此盒制作精细，造型优美，描漆技艺高超，所绘纹饰纤细秀美，线条流畅，色彩柔和，令观者赏心悦目，是清代描漆器物中的精品。

清中期·描油锦纹嵌玉河图八卦纹八方盒

口径 20.3 厘米　通高 24.3 厘米

盒木胎，八方形，含三层一盖。通体采用描油工艺，描绘八方花瓣锦纹。盖面中心嵌圆雕青玉"河图"像为钮，一匹骏马踏行在急湍的河流之中，回首远眺，背驮阴阳鱼图。钮饰周围环镶铜鎏金嵌墨玉八卦图。盖内、盒里及外底俱髹黑漆。"河图"出自《易经·系辞上》："河出图，洛出书，圣人则之。"

清中期·描油缠枝莲纹如意云头式盒
长10厘米 宽7.3厘米 高7.5厘米

盒木胎，如意云头形，二层。通体髹浅蓝色漆为地，图案
以油调色描绘。盖面饰描金随形开光，内绘朵莲蝠纹；朵莲，
象征长寿，与蝙蝠纹组合，寓意"福寿双全"。侧壁满饰朵莲
夔凤纹。内髹金漆。外底中心绘一枝两柿，意为"事事如意"。
清中期各类工艺技术登峰造极，出现了许多用一类材质模仿另
一类材质的作品，几可乱真。此如意云头式盒即为一例，其装
饰模仿铜胎掐丝珐琅，不仅颜色、纹饰高度仿真，还刻意模仿
铜胎与掐丝的鎏金质感，只有握在手中才可辨别真伪。

犀皮漆器

在我国传统漆工艺中，有这样一种漆器，表面非常光滑，纹理却显得层次杂叠、斑纹浮动，呈现出一种光怪陆离、变幻莫测的美。它的学名叫犀皮，我国北方俗称为**"桦皮漆"**或**"虎皮漆"**，南方则俗称**"波罗漆"**。

《髹饰录》载：

犀皮，或作西皮，或犀毗。文有片云、圆花、松鳞诸斑。近有红面者，以光滑为美。（摩窳诸般，黑面、红中、黄底为原法；红面者，黑为中，黄为底；黄面，赤、黑互为中为底。）

"片云、圆花、松鳞"是对犀皮漆各种纹理的形容，这个描述非常形象，也很准确。和其他传统器物上讲究对称的纹样不一样，**犀皮漆的纹理乍看起来很匀称，但若是细看则变化多端，漫无定律**，有的像天空中流动的白云，有的斑斑点点恰如松树的表皮一般。

犀皮漆的历史非常悠久，最早可追溯到三国时期，但是现在大部分人不知道它的存在，初次见到还会以为是外来的或是现代的工艺。之所

犀皮漆圆笔筒

高 10.5 厘米　口径 6.7 厘米

以会有这种情况，主要是因为出土和流传下来的犀皮漆器实在是少之又少，"**犀皮**"这个名称本身又很抽象，让人难以和实物联系到一起。关于"犀皮"这个名称从何而来，目前尚无定论，有关它的争辩自古就有。在唐代，有人认为犀皮的"犀"字错了，应该是"西"，即西皮。

元人**陶宗仪**引唐代赵璘《因话录》语曰：

髹器称西皮者，世人误以为犀角之犀，非也。乃西方马鞯，自黑而丹，自丹而黄，时复改易，五色相叠，马镫磨擦，有凹处粲然成文，遂以髹器仿为之。

这段话的意思是人们看到来自西方的人使用的马鞯色彩很丰富，由黑、红、黄等几种颜色构成，经过马镫的摩擦，凹陷的地方各种颜色混杂在一起，更加好看，由此获得灵感，创制了**犀皮技法**。时至明代，有人反对"西皮"说，认为是犀皮的"皮"字错了，应该是"毗"，即犀毗。明代都穆《**听雨纪谈**》：

世人以髹器黑剔者谓之犀皮，盖相传之讹。陶九成从《因话录》改为西皮，以为西方马鞯之说，此尤非也。犀皮当作犀毗，毗者脐也。犀皮坚而有文，其脐四旁文如饕餮相对，中有一圈孔，坐卧磨砺，色极光润。西域人割取以为腰带之饰。曹操以犀毗一事与人，是也。后之髹器效而为之，遂袭其名。

这段话的意思是说，"犀"指犀牛皮既坚硬又有纹路，"毗"是指犀牛的肚脐。犀牛坐卧时与地面摩擦，肚脐周边的表皮磨砺得圆润光滑，西域的人将其割下，作为腰带的装饰，后人制作漆器对其模仿，因此而得名。明代髹漆名匠、《髹饰录》的作者黄成对以上两种说法同时采纳，即"**犀皮，或作西皮，或犀毗**"。黄成之后还有人说犀皮是上了几道漆的皮马鞍做成的小盒子。明代**李日华《六砚斋笔记》**：

戎人性巧，喜文章陆离之观，割破马鞍皮，累数重漆者为小合子，若狸首鹿胎然，名曰犀毗。

犀皮变成了器物的名称，这显然是不对的。以上这些说法，只有《髹饰录》指出**犀皮又叫西皮或犀毗，有多种花纹，表面是平的，以光滑为美**，说得既明白又具体。

袁荃猷女士在 20 世纪 50 年代采访制作犀皮烟袋杆的工人，详细记录了犀皮漆的工艺：

先用石黄入生漆调成一定的稠度，上在木质的烟袋杆上。趁它未干的时候，用右手拇指轻轻将漆推出一个一个突起的小尖，从杆的一端转着推到另一端。推成之后，有点像蛇皮的鳞纹。这一道工序术语叫"打埝"，意思是像筑土防水似的在平地上打出高起的"埝"来。入荫干透后，用红漆黑漆相间地上在每个突起的尖顶上，每上一次入荫一回，约四五道，为的是使尖端更长高一些。此后通体上漆，也是红黑相间，每上一次入荫一回，至多可以上到二十多道。最后用磨石及炭打磨，凡是打埝高起的地方，经磨平后，都围绕着一圈一圈的漆层，呈现出了类似松鳞的花纹。

迄今发现最早的犀皮漆器，是在 1984 年安徽马鞍山三国东吴**朱然墓**出土的**犀皮黄口羽觞**（耳杯）。发掘报告中有如下记述：

犀皮黄口羽觞（耳杯）2 件。皮胎，椭圆口，平底，月牙形耳，耳及口沿镶鎏金铜金口。器身属"黑面红中黄底片云斑犀皮"，表面光滑，花纹自由流畅，如行云流水，匀称而富有变化。保存完好，证明耐腐蚀性强。标本 80 长径 9.6 厘米、短径 5.6 厘米、高 2.4 厘米。

这个发现是让人难以置信的，因为有关犀皮漆器的文字记载，最早只能追踪到唐代（618—907）晚期，因此在朱然墓发掘以前，研究者一直认为犀皮产生于唐代。这两件三国时期（220—280年）的犀皮耳杯，一下子把犀皮漆器的产生时间提前了约600年。

　　故宫博物院收藏的犀皮漆器多是清宫旧藏，主要**品种有大小笔筒、唾盂、攒盒、八方盒、小圆盒等生活用器**，还有为数不多的桌子和几的台面是采用犀皮工艺装饰的。这些器物没有款识，但根据器形和制作水平判断，大部分应为清代制作。纵观清宫造办处档案，有关犀皮漆器的制作记录不多。以雍正朝为例，搜寻雍正朝《清宫造办处活计档》，里面只有一条进贡犀皮漆器的记录：

雍正七年十月二十五日，太监张玉柱、王常贵交来……波罗漆都盛盘四件……系年希尧进。传旨：着送至圆明园交园内总管太监收贮。

有一点值得注意的是，虽然说犀皮漆在我国北方俗称为**"桦皮漆"**或**"虎皮漆"**，但在故宫旧时文物藏品目录的底账上，一直在使用南方的称呼**"波罗漆"**，如"犀皮漆银里桃式杯"在过去的名称就是"波罗漆桃式杯"，直到 20 世纪 80 年代才被改正过来。

清·犀皮漆银里桃式杯
高 3 厘米 口径 7.5 厘米×6.7 厘米

杯桃式。银里，外壁红、黑、黄三色漆犀皮纹饰。木柄呈树枝样，与杯身连接处装饰绿色树叶衬托，生趣盎然。

综合档案和名称特点，推测清代宫廷的犀皮漆器很有可能都是由**南方**制作进贡的，故名称上也跟随了南方的叫法，到了民国乃至中华人民共和国成立后依然还沿用此名称。清宫旧藏的犀皮漆器虽说不是出自宫廷造办处，缺少皇家的奢华之气，但毕竟是进贡到宫廷之物，代表了地方手工艺的最高水平。

清·犀皮漆葵瓣式攒盒
口径 39.5 厘米　高 10.5 厘米

内套黑漆盘九个，盖边有紫色漆一圈，宽约 1 厘米。盖面、盖壁用深黄和浅黄色漆呈现犀皮斑纹，匀称而富于变化，层次细密，造型古朴大气，色泽柔和。

清·犀皮漆开光花卉纹圆盒
口径 12.5 厘米 足径 9.9 厘米 高 5.3 厘米

盒圆式，圈足。盖面中心彩绘团花，盖
口边红黑夔纹一周。黑漆里、底。盒通体用
深黄和浅黄色漆呈现犀皮斑纹。此盒原藏养
心殿，用于盛放古玉。

功能与用途

器，皿也。器乃凡器统称。——《说文解字》

器是用具的总称，所谓**漆器**，亦可解释为**经过漆工艺加工装饰的用具**。明清之际，漆工艺虽然达到了巅峰，但在普通百姓家，拥有若干件素漆工艺的器物尚属平常，但若说是拥有雕漆、戗金彩漆这样复杂工艺的漆器，就可谓稀罕之事了。然而，作为明清皇宫的紫禁城，不仅拥有巍峨的建筑，更汇集了全国的奇珍异宝，数以万计精美无比的漆器被制造出来收藏其中。**皇家在生活的各个方面使用这些雅致的漆器，彰显宫廷生活的奢华。**

明代宫廷使用漆器的记载不多，我们只能从有限的资料当中一窥究竟。明代漆盘、盒等器物在当时的宫廷中多为实用器，如故宫博物院藏**永乐款剔红楼阁人物图菱花式盘**的盘底中心处有"**甜食房**"三字，此机构在明代宫廷中专门负责制作帝王食用的点心等小食，清代宫廷则无此设置，说明此件漆盘极有可能在甜食房被使用过，或许曾经用来盛放点心呈送到皇帝面前。

明永乐·永乐款剔红楼阁人物图菱花式盘

明代刘若愚所著《酌中志》载"**甜食房，掌房一员，协同内官数十员，经手造办丝窝、虎眼……一切甜食于内官监讨取戗金盒装盛，进安御前，兼备进赐各官及钦赐阁臣等项。**"从中可以得知，皇帝赏赐官员的甜食是由戗金盒装盛的。而从存世文物和相关记载来看，"戗金盒"这一称谓与戗金彩漆工艺制作而成的漆盒相吻合。万历时期文学家袁宏道见到好友度门法师为他带来皇宫中的月饼后，曾赋诗：

盘中犹折半宫花，刻凤攒龙自内家。不是国师争袖得，也应坠破紫袈裟。

龙纹乃天子象征，皇家不太可能会让臣下把有龙凤图案的月饼吃掉，所以诗中**"刻凤攒龙"**很有可能是指装盛月饼的漆盒上的纹饰，即甜食盒是一件有龙凤纹图案的戗金彩漆盒。

　　清代宫廷不仅流传下众多漆器，关于它的文献记载也异常丰富，让我们得以从实物和记载两方面，深入了解漆器在装盛、纪念、祝寿等方面的种种用途。此外，当我们漫步在紫禁城中时会惊讶地发现，皇家在宫殿的装潢上也使用了各种漆工艺，着实令人瞠目结舌。

明嘉靖·嘉靖款戗金彩漆龙凤纹方胜式盒

高 11.7 厘米 长 28 厘米 宽 15 厘米

装盛之用

清代宫廷内的漆器以盒为多，皇室成员通常是将日常用品或心爱之物存放在各种漆工艺的盒中。时至今日，很多原物依然在盒中保存。遥想当年皇室成员将物件放入盒中并时常取用、把玩的情境，总是令人产生穿越时空之感。

装盛特殊的纪念品

中国台北故宫博物院藏有一件**秋草莳绘小方盒**，里面有一个绣花荷包，荷包里装有火镰盒。漆盒外裹着包袱，再放入木匣中。匣上刻有乾隆御制诗，侧面是大臣应和的诗文。从诗句的内容得知，原来这绣花荷包是乾隆的皇后所缝制，乾隆十三年（1748）孝贤纯皇后富察氏去世，乾隆十九年（1754）乾隆帝睹物思人写下此诗后，命人将诗句刻在木匣上，把绣花荷包装在精美的漆盒中，再放入木匣里永久珍藏。漆盒里盛装的是乾隆帝内心深沉的世界和对结发妻子的无限思念。

　　故宫博物院藏有一件**百宝嵌五老观日图天盖地式长方盒**。此盒用料名贵，人物表现生动传神，色彩运用和谐。盒内装有《康慈皇贵太妃母四旬慈寿恭颂》册页，落款为**"子臣奕䜣恭进"**。由此可知，道光帝皇六子恭亲王奕䜣在其生母康慈皇贵太妃（博尔济吉特氏，1812—1855，咸丰帝养母）四十岁生日之时，在册页上为母亲写下祝寿之词后，将其放入这精美又充满吉祥寓意的百宝嵌盒里，呈送进宫。

清·百宝嵌五老观日图天盖地式长方盒
高 6.6 厘米　长 21 厘米　宽 13.8 厘米

　　盒木胎，长方形，天盖地式，四卷云足。通体以掺有浅绿色碎屑的黑漆为地，盖面以厚螺钿、绿松石、鸡血石、玛瑙、寿山石、青金石、碧玉、染牙、珊瑚等珍贵材料嵌制出五位老人齐聚山顶，于苍松翠柏之下，俯看一轮红日即将从翻滚的云海中腾空而起的壮美景色。

　　五位老人为"睢阳五老"。北宋仁宗末年，宰相杜衍告老退居河南睢阳，与其他四位德高望重的致仕官员王涣、毕世长、朱贯、冯平组成五老会，聚会赋诗把酒言欢。时人仰慕这几位康健的八十老翁，创作《睢阳五老图》，该图随即成为祝愿福寿绵长的传统题材。

装盛日常用品

　　皇帝日常生活所用之物也会被放入漆盒之中。如故宫博物院藏有一件乾隆款剔彩**"五福环盒"**，里面即存放了一副极有可能是乾隆帝御用的玳瑁框折叠眼镜。又如一件乾隆款描彩漆八吉祥纹圆盒中，存放着一串乾隆帝御用朝珠。

清乾隆·乾隆款剔彩"五福环盒"
长14.8厘米 宽9.5厘米 高4.2厘米

　　盒为双环相连式，造型别致，犹如玉璧相交。通体自下而上髹黄、绿、红三层色漆，以黄漆衬托绿漆锦纹与红漆主纹。盖面中心雕饰相交的双环，环内各饰五只飞蝠，环外围绕如意云头纹。盒壁以云蝠纹为饰。外底中心阴刻戗金楷体"乾隆年制"四字双竖行款，上方刻"五福环盒"器名款。盒内盛放玳瑁框眼镜一副，眼镜可折叠为圆形，恰好能放入盒中。

清乾隆·乾隆款描彩漆八吉祥纹圆盒
口径 11.3 厘米 高 4.8 厘米

盒铅胎，圆形，平顶平底，直壁，子母口，盖器各半。通体髹朱漆地，其上描画彩漆图案。盖面中心圆形开光内，用黄漆双钩"八吉祥"三字，开光周围环绕缠枝莲纹承托的轮、螺、伞、盖、花、罐、鱼、长八吉祥纹样。侧壁绘彩色缠枝莲花。里及外底俱髹红漆。外底中心刀刻填金楷体"大清乾隆年制"六字三竖行款。盒内盛放朝珠一串。

在清宫档案中，经常可以看到皇帝下旨给**漆盒配屉**以便装盛数量较多的器物，如鼻烟壶、扇子、墨等。皇帝根据漆盒的大小决定装盛何种器物，有时甚至亲自设计漆盒内部空间布局后，要求造办处按照他的意图改造。如：

乾隆二年二月初九日

司库刘山久来说，太监毛团、高玉交黑洋漆两层匣一件、各样玻璃珐琅鼻烟壶四十三件。传旨：着将鼻烟壶配装在洋漆匣内，先做样呈览，准时再做。钦此

于本年三月二十九日将交出黑漆两层匣内做得分缝合牌匣样，司库刘山久、七品首领萨木哈交太监胡世杰、高玉呈览。奉旨：照样准做。将匣上分缝做深些。钦此

于本年六月初一日七品首领萨木哈将交出珐琅鼻烟壶四十三个、洋漆匣一件配得合牌屉匣，交太监毛团、胡世杰、高玉呈进。

莳绘漆盒改装而成的鼻烟壶匣

装盛吃食

　　如同《**行乐图**》所描绘的那样，在皇帝出行的队伍中，常有太监手捧漆盒跟随，盒里装盛的是供皇帝随时品尝的茶点。

金廷标画《乾隆皇帝宫中行乐图轴》局部

清中期·识文描金福寿瓜蝶纹镂空八方盒
口径 38.2 厘米 足径 30 厘米 高 16.5 厘米

盒木胎，八方形，随形圈足。通体髹金漆，装饰识文描金图案。盖面中心团"寿"字由穿花蝙蝠拱卫，周围凸起表示饱满的果实，寓意开花结果、福寿万代；外层环绕缠枝藤蔓，硕果累累，蝴蝶飞舞其间，寓意绵绵瓜瓞，祈愿子孙昌盛。盒壁上下均以瓜瓞纹为饰，弧面中央嵌铜鎏金丝网，口沿处环绕缠枝莲纹。里及外底俱髹朱漆。镂空丝网应是为保证盒中空气流通所设，故此推测在清代宫廷中，此盒极有可能是用来装盛食物的。此盒寓意吉祥，装饰富丽，为清代宫廷器用的代表之作。

晚清太监手托漆盒照片

装盛百什件、册页、玉器、文具等文玩

清代宫廷当中，有一种极为特殊的文物组合，被称为**"百什件"或"百事件""百拾件"，乃是皇帝将各种珍玩放在一起收藏，以备随时欣赏把玩**。装盛百什件的箱匣以紫檀为多，亦有不少是莳绘漆盒。因为要存放不同种类、大小各异的器物，如玉器、瓷器、木刻、竹雕、书画册页等，必须精心设计组合才能安放进去，如故宫博物院藏**金漆多宝盒**内就有水晶花口盘、彩瓷酒盅、玛瑙单耳杯、白玉葫芦形小洗、骨雕鸡纹八角盒、珐琅嵌玛瑙小盒、各式玉玩及《玉保临天冠山帖》小册页、《那彦成临董其昌帖》、对数表等。

金漆多宝盒

174

乾隆帝经常会旨令造办处**改装各种漆盒内部构造**，如加装合适的屉盘并用蓝色锦缎包装好，又或用檀香木雕或屉盘，用来存放他欣赏的大臣或皇子的书法、绘画作品，陈设在各处宫殿内，以便他随时欣赏。

明永乐·永乐款剔红牡丹纹圆盒
高 6.7 厘米 口径 17.3 厘米

　　盒通体黄漆素地，雕红漆花纹。盖面满铺规则的大花三朵，构成均衡的三角式图案。盒壁雕各种花卉，盒内及底髹赭色漆，外底部左侧边缘隐约可见"大明永乐年制"针划款。盒内蓝锦屉盘上有一方形凹槽，其内卧放乾隆帝皇八子永璇书《文囿撷毫》一册。

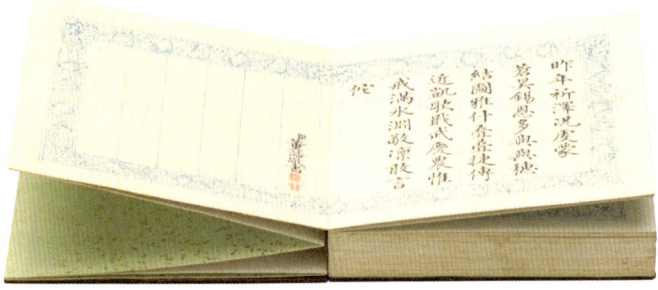

明宣德·宣德款剔红牡丹纹圆盒

口径 15 厘米 高 8.5 厘米

盒木胎，菱花式，平盖面。通体髹黄褐色漆地，用红、绿、黑等色漆填饰花纹。盖面聚宝盆上托一"春"字，"春"字上承寿星、双龙环抱纹，合为春寿图意。盖、器均具开光，内填山水人物图，分别为负笈出游、携琴访友、河边问渡等题材，上、下口缘饰莲花纹。此盒为乾隆时期填漆技法的代表之作。盒内及底髹黑漆，底有刀刻填金"乾隆年制"楷书款。内装古玉璧 2 个，紫檀木屈盘 1 个。

清乾隆·剔红花卉纹文具盒一套
盘座高18.5厘米 盘座长31.4厘米 盘座宽28厘米

托盘上有子盒六个，大小、形状不一。内分别装盛各种文具，有珐琅仿圈、珐琅镇纸、珐琅印盒、松花石砚、黑朱墨各一、青玉兽钮印、《诗韵》一册、雕漆管笔两支。托盘下为剔红锦纹几式座。整套器具表面分别雕有不同的锦文，还有花卉和绳纹等。清宫流传下来的剔红成套文具盒有若干，此套最为完整。

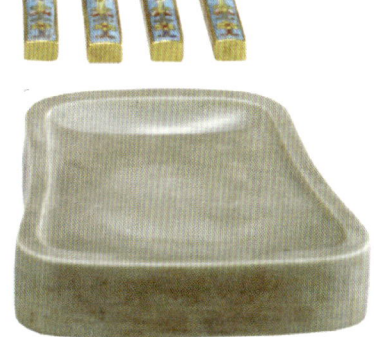

清·剔红山水人物图五屉笔匣

高 36.2 厘米 长 28.2 厘米 宽 21.4 厘米

长方形，匣内巧做上下五层可抽出的屉盘。屉上分别卧有笔槽，每层可容纳 10 支毛笔，共 50 支成套。笔匣以红漆为主，黄、绿两色漆剔刻锦地，通体雕饰山水人物图景，匣内屉座及匣底连体阔座均雕缠枝莲纹。纹饰图案层次清晰有致，远山近水，林木掩映，颇富诗情画意。漆匣色彩艳丽，雕工精细，为清代宫廷雕漆器之佳品。

茶具之用

在小说《红楼梦》第四十一回**"栊翠庵茶品梅花雪怡红院劫遇母蝗虫"**中，贾母带刘姥姥来到栊翠庵，**只见妙玉亲自捧了一个海棠花式雕漆填金云龙献寿的小茶盘，里面放一个成窑五彩小盖盅，捧与贾母。**针对这一场景的描写，历来有颇多争议，有人认为用雕漆茶盘托成化窑五彩瓷盖盅无据可考，乃是作者曹雪芹之杜撰。然而，前文列举乾隆帝咏嘉靖朝雕漆器御制诗中，有一首名为《咏嘉靖雕漆茶盘》，诗云：

果园秘制刻雕精，破闷偏宜茗碗擎。何必宣成寻旧器，越窑新样煮三清。

乾隆帝按语：

尝以雪水烹茶，沃梅花、佛手、松实啜之，名曰"三清茶"，记之以诗，并命两江陶工作茶瓯，环系御制诗于瓯外，即以贮茶，致为精雅，不让宣德、成化旧瓷也。

由诗中内容及按语可知，在宫廷饮茶活动中，确实使用雕漆茶盘来擎托瓷质茶杯。由此可见，曹雪芹并非空穴来风，其对贾府中生活细节的描写，恰是清代上流社会奢华生活的真实写照。

明嘉靖·嘉靖款剔红云龙献寿梅花式盘

高2.6厘米 口径12.2厘米 足径8.7厘米

纪念之用

在清宫旧藏中，有不少采用雕漆、描漆等工艺制作的**木胎茶杯**。与春秋战国时期的漆杯不同，它们并没有实际用途，而是类似于现今的文创产品，主要是用来纪念。乾隆帝曾作《三清茶》诗一首：

梅花色不妖，佛手香且洁。松实味芳腴，三品殊清绝。烹以折脚铛，沃之承筐雪。火候辨鱼蟹，鼎烟迭生灭。越瓯泼仙乳，毡庐适禅悦。五蕴净太半，可悟不可说。馥馥兜罗递，活活云浆潵。倔佺遗可餐，林逋赏时别。懒举赵州案，颇笑玉川谲。寒宵听行漏，古月看悬玦。软饱趁幾余，敲吟兴无竭。

题下又按：

以雪水沃梅花、松实、佛手啜之，名曰三清。

乾隆帝喜在雪夜烹茶，茶名三清，非常自得，以为清雅，特此作诗纪念。他不仅自己吟咏，还曾以"**三清茶**"为题，命群臣作诗联句。为纪念这一段盛世佳话，除真正饮"三清茶"用的瓷茶具外，乾隆帝还特别命人制作了玉制品和漆制品。清宫旧藏"**乾隆款剔红三清茶盖碗**"，无论大小、形制、纹饰均与瓷质盖碗大同小异，即是以不同的艺术面貌，一丝不苟、不厌其烦地叙述这一故事，以便被后人永远铭记。

清乾隆·乾隆款青花《三清茶》诗盖碗

高 8.6 厘米 口径 10.8 厘米

清乾隆·乾隆款青玉《三清茶》诗盖碗

高 8.6 厘米 口径 10.8 厘米

清乾隆·乾隆款剔红《三清茶》诗盖碗

高 8.5 厘米 口径 2.7 厘米

祝寿之用

　　清代尤其是乾隆时期，每到皇太后、皇帝万寿（生日）之时，无论是在京的王公贝勒，还是各地方督抚大员，都会**进贡寿礼**庆贺。从保存下来的贡单中可以看到，里面有不少漆器。**有的漆器仅是作为包装之用，**里面装盛着祝寿的礼物；还有的漆器如漆盒，因为本身就带有祈愿长寿的吉祥纹饰，即使腹内空空，也足以表达臣工祝愿皇家万寿长春的心意，如清宫旧藏"戗金彩漆海屋添筹图双桃式盒"。"海屋添筹"典出苏轼《东坡志林》卷七：

　　尝有三老人相遇，或问之年。一人曰："吾年不可记，但忆少年时与盘古有旧。"一人曰："海水变桑田时，吾辄下一筹，尔来吾筹已满十间屋。"一人曰："吾所食蟠桃，弃其核于昆仑山下，今已与昆仑齐矣。"

　　因此，海屋添筹成为我国传统工艺品的主要装饰题材之一，多用来表达长寿的美好祝愿。

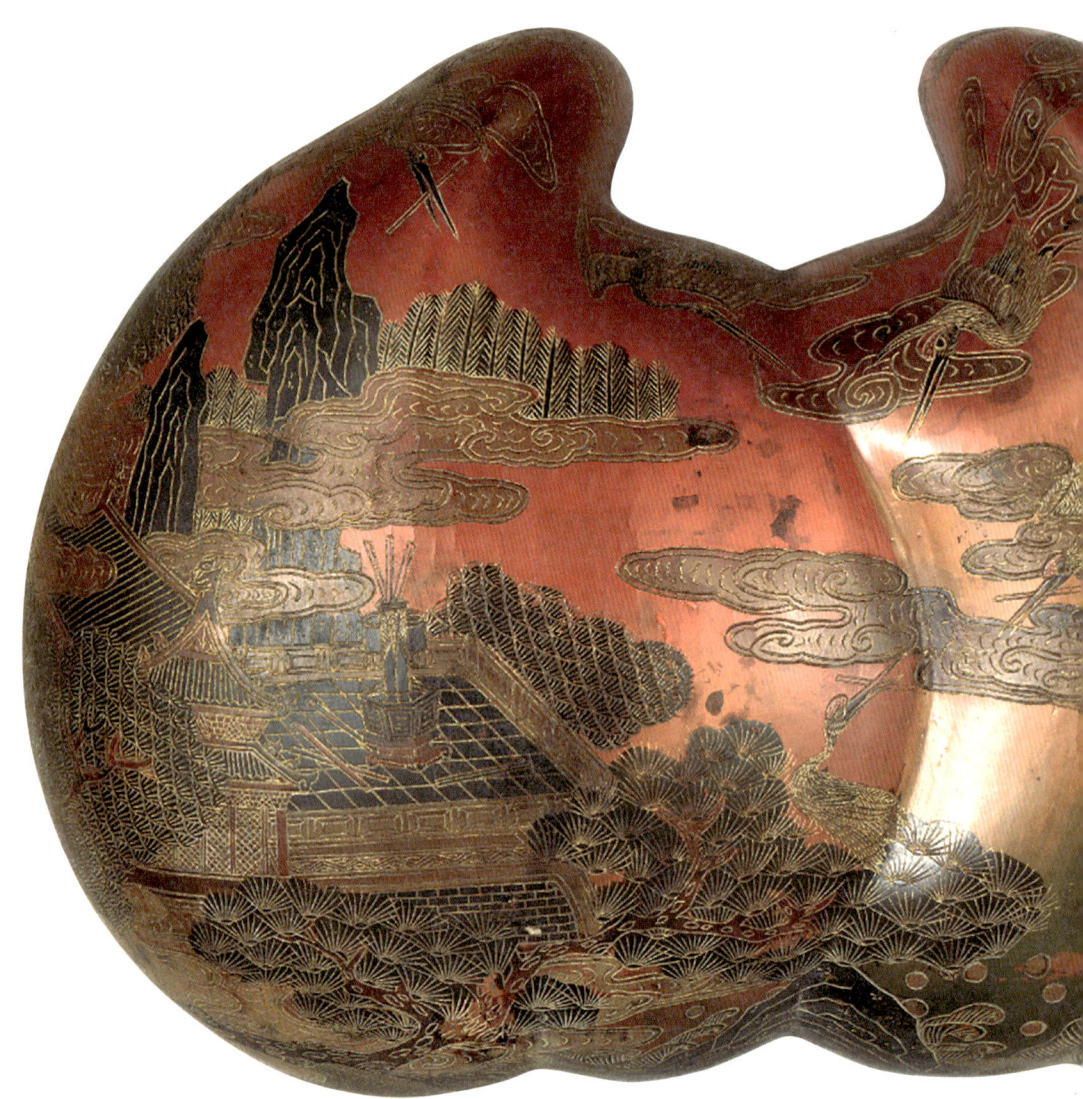

清中期·戗金彩漆海屋添筹图双桃式盒
长 30.7 厘米 宽 21 厘米 足长 26.4 厘米 足宽 16 厘米 高 13 厘米

　　盒木胎，双桃相连式，子母口，平底。通体髹朱漆为地。盖、器戗金花纹内填红、黄、黑、绿漆，表现海水江崖，云蒸霞蔚。海天之间，苍松翠柏相互掩映，其间筑有仙山楼阁，阁前设台，上立一投壶，壶内有筹，远处数只仙鹤衔筹而来，欲掷筹入壶中，意为海屋添筹。里及外底俱髹黑漆。

清中期·描金多穆壶
高 58.3 厘米 口径 14.5 厘米

　　壶僧帽式口，带钮盖，方形曲
流，附环形链。壶身髹紫漆为地，
以金漆细勾缠枝莲纹。盖饰描金花
瓣纹，曲流处饰描金双龙戏珠，间
饰云纹。多穆壶是蒙古族、藏族饮
用奶茶的用具，多用金、银等金属
制成，漆器作品较为少见。

皇帝对大臣以及外国国王的赏赐之物，代表着皇家的审美和品味，有时甚至内涵政治意义，因此皇帝对赏赐物件的制作和选用要求较高，如雍正六年（1728）雍正帝下旨造办处：

　　朕着尔等做的赏用眼镜、火镰包等件，虽是赏用，不可粗糙，务要精细，使外边人员敬重钦赐之物。钦此

　　正因如此，作为清帝喜爱的**莳绘漆器**出现在赏赐的名单中也就不足为奇了。如雍正七年（1729）赏土尔扈特：

　　各色洋漆器皿四方香几一对、长方子母盒一件、香架一对、琴式砚盒一分、长方砚盒一分、长方罩盖盒二件、有托盖碗一对、罩盖方盒一件、连盖四层长方有屉盒一件。

　　如雍正五年（1727）赏西洋国王：

　　洋漆大盘二件、洋漆小盘六件、洋漆香几一对、洋漆香架二件、洋盖碗八件、红洋漆高足碗四件、洋漆匣内盛墨二十匣、洋漆矮桌二张、香袋四匣、洋漆书格一对、洋漆匣一对、洋漆大柜一对、洋漆扇面小柜一对……

　　当然，不仅是莳绘，其他工艺的漆器也被用来赏赐。如乾隆五十六年（1791）赏班禅额尔德尼"**描金紫漆碗六件**"，乾隆五十七年（1792）赏达赖喇嘛"**南漆描金花多穆一对**"。

陈设之用

清代宫廷的室内陈设除必须遵照规范执行的以外，大部分都要事先经过皇帝的御览，皇帝认可或提出具体的修改意见之后，方能实施。从陈设档案可以看出，虽有嘉庆、道光、咸丰、光绪等各朝版本，但实际上陈设物件和方式大部分皆是乾隆朝的延续，改动极少，只是重复登记造册而已。**摆放物品的选配与帝王喜好息息相关**，从雍正皇帝开始，宫廷室内陈设开始向典雅与精致方向发展，乾隆帝在秉承前代之风，追求文雅的同时，又对富丽华美有所追求。因此，漆器出现在紫禁城宫殿各处也就不足为奇了。

在紫禁城中，除帝王的宫殿里陈设宝座外，只有皇后和太后所居之地的正殿里才能设宝座。虽然东、西六宫里也设宝座，但不属于嫔妃拥有，只能是供皇帝临幸时使用。将漆工艺应用在家具的装饰上并不稀奇，但**使用雕漆工艺制作宝座、屏风，只可能出现在帝王之家**。

雕漆宝座、屏风

清宫旧藏的十二幅《胤禛妃行乐图轴》中，其中一幅人物背景室内的桌上即陈设着两个黑漆描金的小盒，由此可见漆器在宫廷内陈设的普遍。

将香炉、花瓶和香盒等用于供奉和祭祀场合，至迟于两宋已出现。明清之时，正式确立了"炉瓶三事"的组合形态。从文献和绘画作品看，其已多用作雅玩清供。宫廷当中有采用铜胎掐丝珐琅（俗称"景泰蓝"）、玉、铜胎画珐琅等各种材质制作的"炉瓶三事"陈设于宫殿各处，其中自然不乏漆器。

剔红三事

炉口径 11.7 厘米　足径 7.5 厘米　通高 16.2 厘米

瓶口径 6 厘米　足径 7.4 厘米　通高 14 厘米

盒口径 7.4 厘米　通高 10.3 厘米

几长 40.7 厘米　宽 14.5 厘米　高 14.5 厘米

　　此套雕漆三事另配一几，共四件。表面均髹红漆，雕夔凤、兽面、蕉叶、花卉、几何图形等纹饰。炉盖顶端镶白玉云蝠纹钮，甚为考究，体现出宫廷陈设之精雅。

在清代，**壁瓶被称为"挂瓶"和"轿瓶"**，顾名思义即挂在墙壁之上或轿中的瓶子，**其内插满鲜花或是贵重材料制作的"金枝玉叶"供人欣赏**。宫廷中很早就已使用壁瓶，造办处档案显示，至迟在雍正二年（1724）已经可以见到宫廷内使用瓷挂瓶的记录，如：

雍正二年十一月初三日 珐琅作

怡亲王交朱磁（瓷）挂瓶一件。王谕：镶金口、金足。遵此

雍正五年（1727）赏赐西洋国王物件目录中，已出现**"扇式磁（瓷）挂瓶二件"**的记录，且其他材质、工艺壁瓶的制作，至迟在雍正朝已经开始，如：

雍正六年八月二十日 珐琅作

二十日据圆明园来帖内称，八月十八日郎中海望画得太平如意庆长春瓶花样一张，随桃式挂瓶样一张呈览。奉旨：尔等酌量造办。钦此

于九月二十七日做得珐琅桃式挂瓶一件，随象牙茜色长春花一束……郎中海望呈进。

时至乾隆朝，从清宫旧藏来看，乾隆帝应是十分喜爱**壁瓶**的。故宫博物院收藏清宫流传至今的壁瓶共800余件，陶瓷和其他材质、工艺壁瓶各占其半。在陶瓷壁瓶中有近50件为其他朝制品，余下则全部是乾隆年制款识。其他材质如玉、漆、铜胎掐丝珐琅、铜胎画珐琅等种类的壁瓶，虽少见款识，但从工艺特点、瓶上御制诗文等方面判断，大部分亦是乾隆时期制品。

清乾隆·剔红缠枝莲纹双耳壁瓶

高 20.5 厘米 宽 9.2 厘米

铜胎镀金，中空，内插珊瑚、玉石等制仿生花卉。通体剔刻锦地纹，分别饰
变形夔纹、缠枝宝相花、如意云纹等多种纹饰，颈部装饰夔纹双耳。瓶下配紫檀
雕花束腰木座。

清乾隆·剔红开光御制诗铜兽耳壁瓶
高 19 厘米 宽 10 厘米

铜胎。口沿为铜鎏金边，刻回纹。瓶颈中心雕缠枝莲纹，四周雕变形夔纹，两侧各出一只铜鎏金耳。瓶身与足通饰剔红缠枝花卉纹与变形夔纹，中心镶嵌一块玉牌，四周环绕铜鎏金回纹装饰。玉上刻填金乾隆帝诗一首："镂玉为花香是兰，庭阶雅合几株攒。问谁识得个中趣，幼度曾闻答谢安。"从诗句内容推断，壁瓶内曾插满玉石制作的兰花。

清宫旧藏雕漆长方盒 2 件、大扁圆盒 24 件、小扁圆盒 4 件，它们有一个共同的名称为**"飞龙宴盒"**。与其他装盛食物的一般漆盒不同之处在于，它们日常被封存在库房之中，只在重要的典礼仪式上才会被取出来使用。**长方盒又称看盒**，摆放在除夕、元旦大宴时皇帝面前的金龙大宴桌上，内盛果品、点心。**大扁圆盒又称捧盒**，用于在除夕、元旦大宴上送汤膳、酒宴菜。小扁圆盒用于元旦凌晨皇帝吃饺子的仪式。

通过造办处活计档、膳底档（皇帝每日用膳后留存的记录）等宫廷档案，我们得以知晓它们是如何被制作、使用的。

活计档记载：

乾隆八年十一月二十七日

七品首领萨木哈、副催总达子来说，太监胡世杰交红雕漆龙圣盒一件、彩漆长方看盒一件（内盛银珐琅钟十件）、红漆金龙大圆盒一件、红漆金龙小圆盒一件。传旨：将彩漆看盒一件，照雕漆龙圣盒花样做看盒一对。其看盒内银珐琅钟十件，着交邓八格照样烧

天盖地式，座下有四足。四壁中间安设鎏金铜网，可从外向内观看。盒内有金漆木屉，上有两排共十个圆形浅槽，用以放置掐丝珐琅盅。盒通体在墨绿色地上雕红漆图案。盖面中心剔刻飞龙，龙双爪托举一"圣"字，"圣"字两旁有"辅""弼"字。中心图案左右各有一条龙。龙四周绕以祥云，间有蝙蝠。下为江崖海水。前后两壁刻双龙，一面有"乾""坤"字，一面有"如""意"字。左右两壁刻单龙，一面有"福""禄"字，一面有"长""春"字。盖下缘与座上缘各剔刻缠枝花卉一周。四足刻海水纹。座外底髹黑漆，中心阴刻填金"大清乾隆年制"单竖行楷书款，其下刻"飞龙宴盒"双竖行楷书器名款。

造掐丝珐琅钟二十件，钟上"万寿无疆"四字仍留镀金，先画样呈览，准时再烧造。再红漆金龙大元盒，照雕漆龙圣盒花样做十二对；红漆金龙小元盒，亦照龙圣雕漆盒花样做二对。大小盒俱按里口一样，盒底长刻"大清乾隆年制"，方刻"飞龙宴盒"，俱各先画样呈览，准时发与南边雕做。钦此

于九年正月初三日，司库白世秀、七品首领萨木哈将画得大小捧盒纸样二张、看盒纸样一张持进，交太监胡世杰、张玉呈览。奉旨：将看盒上两大面做"乾坤如意"字样，两小面做"福禄长春"字样，其余俱准做。着交安宁、图拉做上等雕漆，赶年底要得。钦此

于乾隆九年五月初一日，催总邓八格将烧造得掐丝珐琅"万寿无疆"钟子二十件并原样，交太监胡世杰呈进。

于乾隆十一年十月二十日，司库白世秀、七品首领萨木哈将图拉做得红雕漆飞龙盒一对持进，交太监胡世杰呈进。

从上述档案记录可知：乾隆八年（1743）十一月二十七日，乾隆帝下旨制作**飞龙宴盒**；明确要求刻"**大清乾隆年制**"年款与"**飞龙宴盒**"器名款；命造办处先画纸样。乾隆九年（1744）正月初三日，乾隆帝再次下旨，命稍加修改，准交"**南边**"雕做。此处的"南边"指苏州。承办者安宁、图拉此时分别为苏州布政使和苏州织造。尽管乾隆帝在乾隆九年（1744）初要求做上等雕漆飞龙宴盒"赶年底要得"，但乾隆十一年（1746）十月二十日，内务府才做得一对呈进给皇帝。另据档案推测，其他飞龙宴盒也是在这个时间前后陆续完成。可见，即便贵为皇帝，亦要遵循客观规律办事，**雕漆飞龙宴盒之制作委实不易**。

乾隆八年（1743）旨意中对飞龙宴盒的细节描述，还有年款和器名款，均与故宫博物院保存的实物分毫不差。可见，档案与实物是完全对应的。

更为难得的是，档案中的飞龙宴盒包括长方看盒一对、大圆盒十二对、小圆盒二对，共计 30 件，这批近 300 年前精心制作的器物，除 1 件大圆盒于中华人民共和国成立后调拨给沈阳故宫博物院外，其余全部由故宫博物院收藏至今。

清乾隆·掐丝珐琅万寿无疆盅
高 5.8 厘米 口径 9.9 厘米

盅呈圆形，圈足。外壁以天蓝色珐琅为地，上饰掐丝填彩釉的花纹。腹部有四个等距圆形开光，其内宝蓝色地铜镀金篆体字，分别是"万""寿""无""疆"，字间饰莲花纹。口边、盅底分别錾刻夔龙、莲瓣纹各一周。外底中心阴刻双方框，内刻"子孙永宝"双竖行篆书款。

清乾隆·乾隆款剔红扁圆飞龙宴盒

大: 高 21 厘米 口径 48 厘米　　小: 高 17 厘米 口径 34.5 厘米

　　子母口，圈足。盒通体在墨绿色地上雕红漆图案。图案与长方飞龙宴盒元素相同，而布局略有差别。盖面中心剔刻飞龙捧"圣"，并"辅""弼"字样。侧壁为"乾""坤""如""意"四字，间饰行龙。盖、身近口处各饰缠枝花卉一周。盒身侧壁刻"福""禄""长""春"四字，同样字间饰行龙。外底髹黑漆，刻"大清乾隆年制""飞龙宴盒"款。

　　皇宫里在除夕这天傍晚的宴会称为"**家宴**"，是皇帝跟后妃们的聚会。在乾清宫安设皇帝的金龙大宴桌，上面要按顺序摆放餐具和食品。摆放的餐具共计9路（即9横排），其中第4路有"**雕漆果盒二副**"，每盒内盛10个掐丝珐琅盅，盅内盛干果、蜜饯等，仅是陈设，并不真正食

用。档案里说"惟有花瓶、筷子、叉子、看盒不转"，此处的
"看盒" 就是前面说的"雕漆果盒"，也即长方飞龙宴盒。盒
盖四面的铜网，方便从外向里观看。送皇帝的汤膳时，用**"一
对盒进"**，每盒中各盛汤一品，档案中明确记载"用雕漆飞龙
宴盒"。之后，皇帝酒宴桌上的菜，用**"五对盒进"**，每盒中
盛果、菜四品。这六对盒用的应该都是大号扁圆飞龙宴盒。12
件是一次宴会使用的数量。制作了24件，正好是两套。

清乾隆·乾隆款剔彩大吉宝案
高33.4厘米 长52.3厘米 宽32厘米

案面雕庭院回廊、山石树木，院中置一葫芦，上雕"大吉"二字
和八吉祥纹。四周有童子，或手持旗帜，或手举戟磬，或观画，或抬
桃祝寿，或提灯笼，或骑象前行。旗、灯、画上分别雕"三阳开泰""万
寿无疆""四海清平"等文字。案面四边雕如意云头纹，束腰、牙条、
横枨、腿、足及托泥雕回纹。案底髹黑漆，中心刀刻填金"乾隆年制"
楷书款和"大吉宝案"器名款。

　　小号扁圆飞龙宴盒用在元旦凌晨皇帝**吃饺子**的仪式上。档案记载，乾隆四十八年（1783）正月初一日这天的寅初二刻（凌晨3时许），皇帝来到紫禁城乾清宫西侧的弘德殿，太监用"雕漆飞龙宴盒"送来一盘四个煮饽饽（即饺子），另有人将这盘饺子放在大吉宝案的"吉"字上，请皇帝食用。我们在清代宫廷绘画中还可以看到**大吉宝案与飞龙宴盒搭配使用**的场景。

装潢之用

　　紫禁城内的宫殿装潢已经超过本书所谈"漆器"的范畴，但其所采用的各种漆工艺与漆器的制作完全相同，并且只有皇家才拥有庞大的人力物力财力来完成这常人难以想象之事，皇宫以外则难以见到，故此一并叙述。

　　如今，紫禁城的东北有一片宫殿群落被辟为**"珍宝馆"**，用来展示清宫旧藏的稀世珍宝，观众在里面观赏常常流连忘返，不舍离去。殊不知，这片宫殿建筑群在清代被称为**"宁寿全宫"，是乾隆帝为其禅位后养老而专门建造的**。宁寿全宫里有一个宁寿花园，园内宫殿里的装潢极尽奢华，其珍贵程度一点也不输于展柜里陈列的奇珍异宝。

　　乾隆帝于乾隆三十七年（1772）开始修建宁寿全宫，之后专门旨令扬州承做宁寿花园内景福宫、符望阁、萃赏楼、延趣楼、倦勤斋等宫殿的内檐装修，地方官员自然不敢怠慢，全力以赴完成任务。

　　在**《宫中档乾隆朝奏折》**等诸多档案中记录了此次活计的承办，如：

乾隆三十九年四月初四日，奴才李质颖（按：李质颖时任两淮巡盐御史）谨奏：为奏闻事，窃奴才于上年六、七等月，接奉内务府大臣英廉等寄信，奉旨交办景福宫、符望阁、萃赏楼、延趣楼、倦勤斋等五处装修并烫样五座、画样一百三张等因到扬。奴才随即遴派熟谙妥商选购料物，挑雇工匠，择吉开工，上紧成造。奴才不时亲身查视，详慎督办，今已告成。奴才逐件细看，包裹装船，于四月初四日开行，专差家人小心运送进京，除备文并造具清册呈送工程处逐件点收，听候奏请安装外，敬将装修五分镶嵌式样雕镂花纹绘图贴说，先行恭呈御览。谨缮折具奏，伏乞皇上圣鉴。谨奏

符望阁首层内有一块博古图迎风板（位于落地罩与天花板之间），采用的即是具有扬州特色的百宝嵌工艺。以点螺为地，用青玉、白玉、玛瑙、瓷器、螺钿、铜器等各种材质镶嵌博古图案。点螺致密、平滑，宝石突出，立体感强。

同是符望阁首层，另外一处迎风板，以点螺为地，并排三个雕漆图案。图案为略变形的菱形开光，**外圈剔红四个相扣的双边如意纹，边框内剔刻锦纹，图案中间则为剔黑云龙纹，上方为一正面龙，下方二龙相对**。雕漆纹饰剔刻极其精细，开光外点螺锦地以6个白色圆点环绕1个黄色六瓣花为一组密布，观者要定睛细看才能看清细节，令人叹为观止。

难以想象，这些精美的物件仅利用十个月的时间即被制作出来，可想当时地方官员一定是征集了大批的扬州制漆高手，夜以继日、不辞辛劳地赶制。

符望阁首层东梢间内迎风板

　　令人遗憾的是，符望阁里的通道过于狭窄无法对外开放，观众难以观赏到以上两处精美的装潢。但实际上，在开放路线中，细心的观众依然可以一饱眼福漆工艺装潢。当观众从珍宝馆的颐和轩往北出口方向走时，必然会途经一个月洞门，其门框即是采用**嵌螺钿工艺装饰**。通体黑漆地嵌螺片刻成的缠枝莲花，细密的纹饰，绚丽的视觉效果，令人印象深刻。

　　欣赏月洞门上精美纹饰的同时，还请再回头观赏，颐和轩内面北高悬的一块剔红嵌螺钿**"导和养素"**匾额和竖挂两旁的剔红嵌螺钿**"静延佳日春常盎，茂对祥风景总宜"**对联。匾和对联上文字用螺片拼贴而成，不但完美呈现书法意蕴，而且光彩照人。字下锦纹和边框均采用雕漆工艺，锦纹雕刻之精细令人咋舌，边框雕刻祥云和蝙蝠纹饰，旧时称此为**"万福流云"**。熟知雕漆和嵌螺钿工艺的观众，每到此处都会被这组杰作震撼。

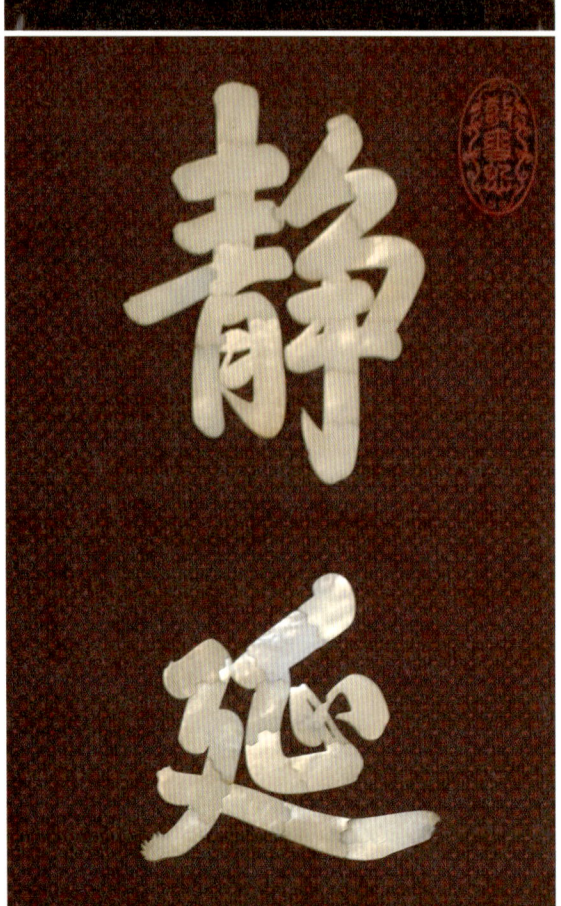

剔红嵌螺钿乾隆御题「静延佳日春常盎，茂对祥风景总宜」对联及局部细节

導和養素

颐和轩内面北剔红嵌螺钿乾隆御题「导和养素」匾及局部细节

導

器物的来源

明朝：果园厂的争议

有关明代早期漆器生产地究竟在何地，果园厂究竟是传说还是确有其地，一直以来是学术界争议的焦点。**果园厂**，被认为是明代永乐年间在北京专门为皇家制作御用漆器的机构。根据明、清文人的记载，果园厂制作的雕漆，漆层厚实、雕刻精美，精巧远迈前古。因此，大部分论述漆器的著作皆以果园厂为是，认为其是**北京制作御用漆器**，尤其是**雕漆的肇始**。但是，也有专家学者以文人臆想、气候条件不适宜等为由，对果园厂的职能和启用时间等问题质疑。

最早提及果园厂的，据目前存世文献来看，为始刊于万历十九年（1591）的《遵生八笺》，作者高濂说：

若我朝永乐年果园厂制漆，朱三十六遍为足，时用锡胎、木胎雕以细锦者多，然底用黑漆，针刻"大明永乐年制"款文，似过宋元。宣德时制同永乐，而红则鲜妍过之，器底亦光，黑漆刀刻"大明宣德年制"六字，以金屑填之。

后沈德符的《万历野获编》载：

今雕漆什物最重宋剔，其次则本朝永乐、宣德间所谓果园厂者，其价几与宋埒。

方以智在《物理小识》中谓：

永乐果园厂制最精，有剔红、填漆、戗金、倭漆、螺钿诸种。

清人高士奇在其《金鳌退食笔记》中说：

果园厂在棂星门之西。明永乐年制漆器，以金银锡木为胎，有剔红、填漆二种，盘合文具不一。……厂之遗址今为内务府人役所居。

时至乾隆朝，乾隆帝诗咏明早期的漆器时多次提到果园厂。现代，提到北京漆器的发展，皆以以上所述文献为据来描述果园厂，如《中国工艺美术史新编（第二版）》言：

明代的宫廷漆器作坊归隶营缮所，它初设于永乐，地点在北京北海金鳌玉栋桥西的果园厂。果园厂的作品以雕漆为主。永宣果园厂雕漆仍与张成、杨茂风格接近，刀工圆润，堆漆大多肥厚。

由于有关果园厂的记述全部来自文人笔记，未见官方正式记录，学术界一直存在对其真实作用的质疑，如漆器鉴赏收藏家李经泽先生曾就此问题专门撰文《果园厂小考》来论证。文中以《遵生八笺》所述永乐果园厂的漆器**"朱三十六遍为足"**与事实不符为由，推断其果园厂造漆器的说法不可信；又引《明实录》中关于永乐年间气象灾害的记录，以

明永乐·永乐款剔红楼阁人物图方形委角盘

口边长 17.7 厘米 底边长 13.2 厘米 高 2.7 厘米

及对当时气温的科学估测，认为**"明代北京寒冷干燥，不合乎造雕漆之条件"**；再以清代造办处在苏州造雕漆为佐证，认为**"永乐时果园厂，可能就是贮藏漆器之厂库"**。另外，还有专家学者认为果园厂开始生产漆器的日期，应该从永乐十九年（1421）朱棣正式定北京为京师开始算起。面对这些问题，虽然没有正史记载可以依据，但如果深入考察那些记述果园厂的文人所处时代背景，以及果园厂所处的历史环境，还是可以进行一番论证的。

高濂说永乐果园厂的雕漆**"朱三十六遍为足"**，确实与事实不符。一般情况下，制作漆器一般要在胎体上髹15道至20道漆才能形成1毫米漆膜，早有学者对明早期雕漆作品做过科学分析检测，证实**髹漆在100层以上**。但是，从其他文献记载来判断，文人在笔记中对果园厂的记述并非全部是凭空臆想，他们应该是亲眼见识过永宣时期皇家的御用漆器。在《万历野获编》中有这样一段记述：

城隍庙开市在贯城以西，每月亦三日，陈设甚夥，人生日用所需，精粗毕备。……其他剔红、填漆旧物，自内廷阑出者尤为精好，往时所索甚微，今其价十倍矣。

此段记载是说在万历年间京城的城隍庙市中，有从宫廷里偷盗漆器出来售卖的情况。《帝京景物略》也有记载：

宣庙青宫时，剔红等制原经裁定，立后厂器终不逮前，工屡被罪。因私购内藏盘合，款而进之，磨去永乐针书细款，刀刻宣德大字，浓金填掩之，故宣款皆永器也。

这段记载是在解释为什么很多宣德款的雕漆，实际上是永乐朝的制品，但也从侧面说明，在明代，皇家漆器是可以在市场上出售的，文人有见到实物的途径。

孙承泽在《春明梦余录》中的记述尤其值得重视：

然外市系士夫庶民之所用。若奇珍异宝进入尚方者，咸于内市萃之。至内造如宣德之铜器、成化之窑器、永乐果园厂之髹器、景泰御前作房之珐琅，精巧远迈前古，四方好事者亦于内市重价购之。

孙承泽，崇祯进士，累官刑科都给事中，跻身朝堂之上，于国事朝政多所见闻，且勤于笔记，其在文中所提**"内市"是指明代服务于宫中所需，在皇城之内对社会百姓开放，位于神武门之外的市场**。在明代官方记录中，未明确记载**何时成立内市**，有关文献证明，至迟在成化年间，内市就已出现。**内市的地点曾有过变动**，天启元年（1621）三月，熹宗因"奴酋日肆，门禁当严"将内市**移出宫外**，置于东安门外的戎政府街。天启七年（1627）八月，熹宗又决意将"内市"**迁回原处**。孙承泽所描绘的市场景象，应当是内市重新回到神武门之外的盛况。按照他的描述，这个内市是双向的，即宫廷里的人可以买到民间的物品，普通老百姓也可以买到皇家拿出来变现的器物，那么果园厂的漆器就有可能通过这个渠道流入民间。如果说高濂等文人至多是见识过明初皇家漆器而已，那么鉴于孙承泽的学识背景和官场经历，其对内市中器物出处的描述，应该有比较正确的认知，是可以采信的。

永乐果园厂所制漆器精美是当时的社会共识，对其收藏是当时的文

明永乐·永乐款剔红楼阁人物图菱花式盘

口边长 17.2 厘米 底边长 11 厘米 高 3.2 厘米

人风尚，基于对藏品的热爱而进行必要的考证，是文人热衷之事。对漆器制作工艺不了解，仅凭肉眼观察得出了错误的结论，并不能说明他们对漆器出处的认知也是错误的。

果园厂现今已不复存在，但曾经的位置因记载比较详细，没有过多争议，大致在今天的**北京市西城区西什库大街南口附近**。《明宫史》载：

棂星门迤西，曰西酒房，曰西花房，曰大藏经厂，即司礼监之经厂也，又西曰洗帛厂，曰果园厂。

《春明梦余录》谓：

由金水桥玉熙宫迤西曰棂星门，迤北曰羊房夹道、虎城。再西曰西酒房，曰花房，曰经厂，曰大光明殿，曰大极殿，曰洗帛厂，曰果园厂，曰甲字十库，曰司钥库，曰惜薪司，曰鸽子房，曰西安门。

《日下旧闻考》指出：

洗白厂久废。考真如境庙内有隆庆戊辰御用监造厂碑记略云，本监洗白厂成造上用兜罗绒袍公廨。又隆庆辛未修厂及添设袍作、绦作公廨作房，亦有碑。稍西地名刘銮塑，内有真武庙。庙有万历癸巳修洗白厂绦作碑云，初绦作置公廨一区于果园厂前，机作等房俱聚于此，后择果园厂隙地建兹绦作。是洗白厂、果园厂俱在此地无疑。

另据李经泽先生考证，果园厂第一次亦是唯一一次出现在明天启至崇祯年刊印的《**明皇城图**》中。

结合以上文献和地图可知，果园厂具体位置应在现今的北京市西城区西什库大街与西安门大街交汇处东北角附近，此处还曾有刘兰（銮）塑胡同存在，现因北京市市政扩建被拆除大半。时间沧桑变幻，果园厂早已看不出一丝一毫的痕迹。

由于果园厂的官方记载难觅其踪，目前只能通过一系列旁证，对其归属进行一个大致的判断。仅就笔者目前搜集到的文献来推测，果园厂有可能是**御用监设立之前的作房之一**，亦有可能**归属于工部的营缮所**。

明代**御用监乃明太祖初设，为宦官二十四衙门之一，主要职掌御用器物的造办**。《明宫史》说御用监"凡御前所用围屏、摆设、器具，皆

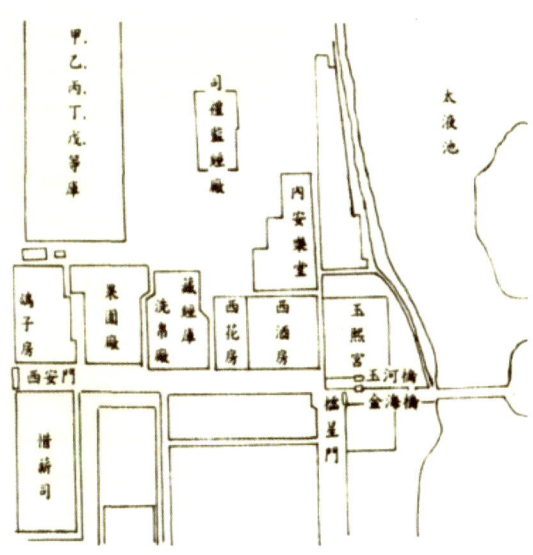

明天启至崇祯年刊印的《明皇城图》

225

取办焉。有佛作等作，凡御前安设硬木床、桌、柜、阁及象牙、花梨、白檀、紫檀、乌木、鸂鶒木、双陆、棋子、骨牌、梳栊、螺甸、填漆、雕漆、盘匣、扇柄等件，皆造办之"，又说其位置在"自西北上门过西上南门，向东则御用监也"，大概在现今故宫博物院西华门以外，南长街一带。但根据《明实录》记载，此处作房是宣德三年（1428）才建成的，之前在何处没有记载。御用监最早的官方记载见于宣德元年（1426）：

改御用司为随驾御用监，命行在礼部铸银印给之。

又据《日下旧闻考》载：

嘉靖癸丑修造南库碑记略云，御用监初立为行在作房，次改御用司，宣德朝更为监，置设公厅。

由上述记载推知，御用监在宣德元年名为"随驾御用监"，之前叫"御用司"，再之前为"行在作房"，宣德三年（1428）之前的位置没有说明，果园厂有可能就是当时专门制作御前所用填漆、雕漆的"行在作房"之一。

营缮所隶属于工部，其职能范围极其宽泛。据《明实录》记载，营缮所在洪武二十五年（1392）成立，成员主要是木匠、瓦匠、漆匠等技艺精湛的工匠；永乐十八年（1420），因营建北京宫殿庙堂有功，永乐帝还曾封赏营缮所的官员。正统六年（1441）五月，"己亥，行在光禄寺奏，新造上用膳亨器皿共三十万七千九百余件，除令南京工部修造外，其金龙金凤白瓷罐等件令江西饶州府造，朱红膳盒等件令行在营缮所造，从之"，结合上下文，再联系对色彩和器型的描述，文中"朱红膳盒"

应是木胎漆器。永乐十九年（1421），北京成为京师，但永乐帝驾崩后，洪熙帝又改京师为行在，一直到正统六年（1441），明英宗再次定北京为京师，故"行在营缮所"定是北京营缮所无疑。由此可以说明，北京营缮所不仅承担大型土木工程，还承接小件漆器的制作任务，这种职能范围一直到万历时期都是如此。

又据《嘉兴府志》载：

张德刚，西塘人，父成，善髹漆剔红器。永乐中，日本琉球购得以献于朝。成祖闻而召之，时已没。德刚能继父业，至京面试称旨，授营缮所副，赐宅，复其家。

这条记载提示我们，优秀的漆工匠是会被安排进入营缮所从事工作的。

综合上述文献可以推定，**果园厂在永乐时期，除了可能是御用监的行在作房之一外，亦有可能归属于营缮所进行漆器的制作**。明代供役制度有轮班、住坐之分，轮班匠归属于工部，住坐匠归属于内府内官监。供内府各监局（包括御用监）使用的，应该是技艺高且流动性较低的住坐匠。从这方面考量，明早期的御用监行在作房和营缮所很可能同时进行皇家御用漆器的制作，但行在作房的质量应该会更精一些，也就是说，果园厂是御用监行在作房的可能性更大一些。

以**"明代北京寒冷干燥，不合乎造雕漆之条件"**为由，进而推论果园厂**"可能就是贮藏漆器之厂库"**，这个观点是可以商榷的。首先，前文引述正统六年（1441）在北京营缮所制作漆器的记录就是直接的证明，其中所指**"朱红膳盒"**未必是雕漆，但足以说明北京有制作大量御用漆器的能力，并得到了皇家的充分认可。其次，气候寒冷的"明清小冰期"始于15世纪后期，止于19世纪末，但根据**《明宫史》**和**《工部厂库须知》**等文献的记载，万历时期的北京御用监和营缮所依然有油漆作，依然负责御用漆器的制作。清宫造办处也有制作雕漆的记录档案。所以，寒冷干燥气候不会必然导致皇家御用漆器尤其是雕漆在北京难以制作，果园厂制作漆器有可能会受到气候的限制，但不能以此否定其真实存在。

历史文献中皆言"永乐果园厂"，往往让人感觉果园厂的启用时间应当从永乐十九年（1421）正式定北京为京师算起，事实可能并非如此。

《明一统志》载：

范围：漆园、桐园、棕园。以上三园俱在钟山之阳。洪武初，以造海运及防倭战船所用油漆、棕缆悉出于民，为费甚重。乃立三园，植棕、漆、桐树各千万株，以备用而省民供焉。

这足以说明油漆的供应在洪武朝就已经极大丰富，在此基础上，漆器制作的蓬勃发展是比较自然的事情。永乐初年，永乐帝就曾多次**将雕漆作为国礼赠与日本皇室**，这充分说明当时制作雕漆的技术不仅成熟而且精湛，得到了帝王的肯定，可以作为国礼相送。朱棣于永乐元年（1403）即开始着手迁都北京，改北平府为顺天府，与南京应天府遥相对应，陆续撤销北平布政司、按察司及北平都指挥使司，开始设立基本等同于南京六部的行政机构。除必要的行政构建外，对经济与城市建设也下大力推进，将江浙富户移民北京，增强北京经济实力，同时开通漕运，统筹调集人员物资，为营建北京做好准备工作。永乐四年（1406）开始修建北京宫殿以备巡幸，命工部征天下匠作；永乐十四年（1416）正式营建北京，**诏天下军民营造者分番赴工**。其间，朱棣多次巡狩北京，每次停留都在一年以上，一直到迁都为止，有近半的时间，他都是在北京处理政务。

《明太宗实录》永乐六年（1408）十二月甲申载：

命礼部铸五军都督府、六部都察院、大理寺、锦衣卫印，凡十四颗，印文并加"行在"二字。内府尚膳等监、惜薪等司、兵仗等局，凡印十六颗，印文并加"随驾"二字。

明代墓葬中，出土实物有永乐十四年（1416）八月、永乐十八年（1420）四月随驾银作局所熔金银锭，可见随驾银作局极有可能是从南京银作局分出一部分，伴随朱棣一同巡狩北京，其间一直在按需求生产。由此可见，在成祖巡狩北京之际，相关政府机构、内廷服务机构都会随之一同前往，那么资源丰富、技术成熟的漆器制作队伍也参与其中，是合乎情理的推断。

由于永乐帝的精心营建，永乐十八年（1420）的北京已颇具规模，**凡庙社、郊祀坛场、宫殿门阙规制悉如南京，而高敞壮丽过之**。宫殿里不可能空空如也，大量精美器物必然陈设其中，其中应该会有果园厂制作的漆器。成熟的技术保证，充实的物资和人员配备，伴随着服务对象——帝王及宫廷的转移，果园厂不会是从永乐十九年（1421）正式定都北京后才开始制作漆器的，而是配合着朱棣迁都的战略步伐，随着营建北京的进度不断发展的。

永乐二十二年（1424），成祖驾崩于北征回师的路上，仁宗登基决意还都南京，然而其享国不到一年。宣宗继位后，保留了北京"行在"之称，各监局也常冠以"随驾"二字。直到正统六年（1441）十一月，英宗再次确定北京为京师。有可能是以上变化导致机构重组，果园厂不再被人提及。但纵观历史，皇家御用漆器的制作实际上实行双轨制，即北京和南京的御用监、营缮所都在为宫廷制作漆器，前文已经引述的正统年间记载，以及万历年间的各类文献皆可证**北京是生产地之一**，而**果园厂应该是最早的制作机构和场所**。

虽然只是昙花一现，但果园厂的作品流传至今，文人的记载令其声名远播，对其有明确的认知，有助于认清北京制作皇家御用漆器的历史源头和整体脉络，值得今后进一步深入探究。

清朝：御用漆器入宫渠道

明末清军入关，李自成仓皇逃离时把紫禁城烧毁，皇宫里的器物不是被洗劫一空，就是葬身火海，所剩寥寥无几。因此，清代宫廷中从明代宫廷继承而来的器物并不多，其主要来自**四个渠道**：一是内务府造办处根据皇帝的旨意制作；二是宫廷定制与采买；三是进贡到宫廷当中；四是对官员抄家所得。漆器也无外乎从以上四个途径而来。

1. 内务府造办处奉旨制作

内务府，简单来说即是清代专门管理皇家事务的机构。机构设在紫禁城内西侧慈宁宫以南，最高管理者是"总管内务府大臣"，此为兼任性质，担任者皆在朝廷中有正式职务，一般采取轮流值班制，最多时会有六个总管内务府大臣兼管内务府事务。内务府下辖的官员主要由皇室包衣担任。**"包衣"是清代八旗制度下世代服役于皇帝、宗室王公之家的一个奴仆群体**，主要担任府员、护卫、随侍、庄头等多种差使，所以有**"内八旗"**之称。直属于皇帝的上三旗包衣称作**"内务府属"**，也称内三旗包衣；隶属于旗主王公的下五旗包衣称作**"王公府属"**，绝大部分在关外时期就已编入包衣之内。包衣并不是贱民，其奴仆身份仅仅相对于皇室、宗室王公而言，其社会地位则基本与八旗中的一般旗人处于同一等级，也可以担任官职，拥有财产和旗下家奴。

造办处，是内务府下辖专门负责制作皇家御用器物的机构。管理人员皆为包衣，最主要的管理者官阶是郎中，其下有催总、柏唐阿等办事之人，苏拉则指匠役。造办处于康熙年间设立，最早在养心殿，后移至慈宁宫茶饭房处。造办处匠役约有数百人，所在作房的设立与裁撤，都随着时代的推移和帝王的需求有所不同。造办处的匠役来源有三种，包括从上三旗包衣内挑选的家内匠役，各地方督抚及江宁、苏州、杭州三织造挑选的南匠，以及临时招募的民间匠人。造办处用人在四百到八百之间，百分之八九十都是包衣旗匠，南匠和招募匠只有七八十至百十余人。**南匠即是来自南方的工匠**，造办处漆作所用南匠皆来自苏州、扬州等地，盖因他们手艺高超且背井离乡生活不易，其地位和待遇都要高于旗匠。我们从以下内务府大臣给乾隆帝的奏折即可看出，匠役的挑选周期并不固定，当有缺额之时，向皇帝请示之后，再向各地官员索要，以及在上三旗包衣内挑选。

乾隆三年七月二十八日

臣查得造办处珐琅等各作房之南匠从前俱系广东、江西、苏州等处钞官及织造官员拣选好手匠人送赴来京应艺。今经数年，各行南匠内有年老病故者，亦有告退回家者，其缺尚未挑补，至现有之南匠不敷应用。臣按各作原有及缺少未补，并酌拟应行添补南匠数目，另缮清单一并恭呈御览，伏候命下臣将应添补之画珐琅匠六名、轮子匠一名、广木匠三名寄字与海关郑伍寨；漆匠二名寄字与淮关唐英；镶嵌匠一名、木匠三名、砚匠一名、画样人一名、大器匠五名寄字与织造海保，令其拣选好手匠人送赴来京，以供应艺。再查各作学手小匠，从前数年一次，俱在包衣三旗佐领内管领下苏拉挑选数十名，分交各作，以为学徒。今已数年未经挑补，所少各作学徒七十三名，请仍照前例在包衣三旗佐领内管领下苏拉挑补五十名，以为学徒接续。

有意思的是，尽管乾隆朝时期的造办处各种配置齐全、资源丰富、工匠技艺高超，但乾隆帝更愿意在苏州、扬州等地制作他喜爱的雕漆、戗金彩漆等漆器。究其原因固然是地方工匠技高一筹，但更主要的原因还是内务府的支出并非国库负担，而是要**皇帝自掏腰包**，在地方制作雕漆器、戗金彩漆器等这些高成本的器物，工价相对便宜，制作成本相对低廉，总体性价比更高。乾隆帝也是精打细算之人。

2. 宫廷定制与采买

宫廷内使用的器物除在造办处制作外，还会在各地盐政、织造、税关监督所在的手工业、商贸、物流中心定制和采购。皇帝旨意的传达，器物图样的发送，成品的接收等工作，皆由内务府造办处操办。

具体到漆器的制作，从造办处档案来看，**苏州是造办处以外最大的宫廷御用漆器制作和维护中心**。与九江关监督负责督造景德镇烧制瓷器相同，乾隆时期苏州织造承担了宫廷御用雕漆、脱胎漆、填漆、金漆的制作或改造任务，尤其是雕漆，除各地官员进贡外，宫廷御用雕漆器大部分都是造办处发样，交苏州织造制作。如今，很多流传下来的雕漆器都可以在造办处的档案中找到当年制造的详细记录。

清乾隆·乾隆款剔彩开光龙凤纹碗
高 7.4 厘米 口径 15 厘米

圆形，圈足。器表自下而上髹紫红、墨绿、黄、墨绿、红五个色漆层，每层厚度不等。腹部作六个等距圆形开光，其内间隔雕云龙和云凤。开光之间均刻有杂宝两个。口边雕上下起伏的绶带，其间饰有珠粒。底部环雕莲瓣一周。外底中心阴刻戗金"大清乾隆年制"三竖行楷书款。

明嘉靖·嘉靖款剔彩龙凤纹碗

高 7.4 厘米 口径 15 厘米

根据清宫档案得知，该乾隆款剔彩开光龙凤纹碗是在乾隆四十一年（1776）下令，于第二年在苏州依照明嘉靖的碗样制作而成的。在故宫博物院珍藏着与之对应的作品，即**嘉靖款剔彩龙凤纹碗一件，乾隆仿品二件**。这是乾隆朝仿品中，最接近原样的作品，须仔细观察才能分辨，反映出乾隆朝苏州雕漆的水平和能力。

档案记载摘录如下：

乾隆四十一年九月二十六日

员外郎四德、五德、福庆来说，太监鄂鲁里交黄漆地红绿雕漆龙凤碗三件，内库收储，系大明嘉靖年制款，传旨着发往苏州，将碗里另漆素黑漆，其碗外并底足俱不必动，得时先送二件来呈览，留一件照样成做四件，俱要大清乾隆年制款，钦此。于本月二十七日员外郎四德、库掌五德、福庆将雕漆碗一件写得大清乾隆年制三行方款样一张，长款样一张，交太监如意呈览，奉旨准照方款样刻做。钦此

于四十二年五月二十三日员外郎四德、五德将苏州送到雕漆龙凤碗两件交太监如意呈进留下作诗。于四十三年正月二十七日员外郎四德、五德将苏州送到雕漆碗四件，做样碗一件交太监鄂鲁里呈进，新做碗交乾清宫、宁寿宫各两件，做样碗交景祺阁。

清乾隆·乾隆款剔红海兽图圆盒

高6厘米 口径13.6厘米

圆形，平顶，平底，双面雕。通体髹红漆，以子母口分出上下。器身满雕落花流水纹，波涛中有三只海兽出没游戏。盖与盒的纹饰对称相同。盖内中心阴刻戗金"大清乾隆年制"三竖行楷书款。

这款乾隆款剔红海兽图圆盒绝妙之处在于**水纹细若毫发微芒，纹间等距平行，没有任何闪失败笔，**匪夷所思。难以想象，是怎样的人有如此绝技，能运刀如此准确，真正是鬼斧神工。根据清宫档案记载，当时清宫至少有海兽图盒三件，现故宫博物院仅珍藏有两件，第三件不知所踪。

档案记载摘录如下：

乾隆十八年五月初六日

员外郎白世秀、达子来说，太监胡世杰交雕漆海兽圆盒一件，棉垫、木座。传旨：着交南边照一模一样做雕漆圆盒二件。钦此。于十九年十二月十七日，员外郎白世秀将苏州织造安宁送到雕漆海兽圆盒二件，随棉垫、木座，原样圆盒一件，棉垫、木座持进交太监胡世杰呈进。

清乾隆·乾隆款剔红锦纹圭璧式盒
高 2.5 厘米 长 18.3 厘米 宽 10 厘米

盒呈圭璧相叠合一的形状。通体髹红漆，满雕细密的回纹锦地。璧面中央凸起圆圈，内刻起地阳文"乾隆年制"双竖行隶书款。在款识的四周，圭的上下、局部髹涂绿漆，于上雕谷穗和十二章纹中的星辰和群山，分别取其滋养、明亮、仰止之意。

玉圭、**玉璧**均为我国古代礼器，自宋代开始出现了**圭璧合一**造型的玉器，其功能已成为陈设赏玩用器，明代有所制作，清代制作得相对较多，乾隆朝雕漆圭璧式盒完全仿自同时期的玉圭璧，目前来看**仅此一件**。

清宫档案记载，乾隆帝曾前后两次下令将**雕漆圭璧式盒**发往苏州进行修复，充分说明对其心有所系。档案记载摘录如下：

乾隆三十五年十一月二十日

库掌四德、五德来说，太监胡世杰交红雕漆圭璧盒一件，黑漆里坏，外面雕漆有磕处，系装念珠用。传旨：着交萨载带去，将黑漆里另漆见新，外面雕漆有磕处粘补收拾，要像新的一样。钦此。于三十六年六月初六日库掌四德、五德，将苏州送到粘补收拾红雕漆圭璧盒一件持进交太监胡世杰呈进讫。

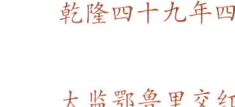

乾隆四十九年四月初四日

太监鄂鲁里交红雕漆圭璧念珠盒一件。传旨：刻即发往苏州，交四德将盒底口磕缺处并盒盖边磕缺处俱依旧意补好，不必见新，得即行专人送交。钦此。于本日回明尚书福康安、侍郎福长安，烦长芦盐政徵瑞家人季保送往苏州去讫。于五月十四日苏州送到收拾红雕漆圭璧念珠盒一件呈进随侍用。

盒圆形，三层，有座，盖面微微隆起，每层口沿均包铜镀金回纹扣。通体雕红漆卷云纹，盖面嵌碧玉螭龙四条，螭相互缠绕，首尾相衔。壁每层等距嵌碧玉螭龙六条，上下螭龙共二十八条。盒底阴刻戗金"大清乾隆年制"横行楷书款，其上刻"交螭宝盒"器名款。座外底阴刻戗金"大清乾隆年制"三竖行楷书款。一器之上有三个款识，目前来看仅此一例。

这件乾隆款剔红嵌碧玉"交螭宝盒"是**雕漆**与**镶嵌**两种工艺相结合精制而成，具有**流光溢彩**、**富丽堂皇**的装饰效果。从档案中可知该作品于乾隆三十八年（1773）刻款。档案记载如下：

乾隆三十七年十二月二十八日

库掌四德、五德来说，太监胡世杰交雕漆嵌玉龙幢盒一对、雕漆长方盒一对、雕漆腰圆盒一对，俱系苏州织造舒文呈进。传旨：着翰林拟名色、刻年款，先呈样，得时交景阳宫。钦此。于三十八年正月初四日库掌四德、五德将雕漆嵌玉龙幢盒一对盒里上贴得翰林写交螭宝盒样、大清乾隆年制款样，雕漆腰圆盒一对盒上贴得翰林拟写荟福宝盒样、大清乾隆年制款样，雕漆长方盒一对盒底上贴得翰林拟写驯狮宝盒样、大清乾隆年制款样，持进交太监胡世杰呈览。奉旨：俱照样准刻。钦此。于三十八年正月十一日库掌四德、五德将雕漆盒三对刻得款，持进交太监胡世杰呈进，交景阳宫。

清乾隆·乾隆款剔彩"百子晬盘"
高 5.6 厘米 长 58.2 厘米 宽 32.5 厘米

长方形，浅壁微敞，四垂云足。盘自下而上髹绿、黑、黄、绿、红五个色漆层。盘内雕百子嬉戏图，图景以荷塘庭院为背景，一百个孩童游戏其间，分别有赛龙舟、戏龙灯、吹奏、跳绳、斗草等各种活动，一派欢天喜地、热闹非凡的场景。童子服饰以红为主，黄绿为辅，更显喜庆。盘壁内外雕云头纹。外底正中刀刻戗金"大清乾隆年制"竖行楷书款，其下有"百子晬盘"器名款。

这件乾隆款剔彩"百子晬盘"人物众多，但繁而不乱，疏密得当，人物刻画细腻逼真，表现出了孩童的天真烂漫、稚气可掬，具有强烈的感染力，为传世杰作。

古时婴儿满一周岁谓晬，届时在盘内放置各种器物任婴儿抓取，以为征兆。此习俗由来已久，清宫也有沿用。由此可知，晬盘专为试晬而制。

清宫档案记载：

　　乾隆七年十一月初三日，司库白世秀、副催总达子来说，太监高玉传旨：着海望将晬盘或雕漆，或填漆，或龙凤穿花，先画样呈览，准时再寄字与织造处成做。钦此。于本月二十日司库白世秀将做得木胎画百子晬盘样一件持进交太监高玉呈览，奉旨：着交图拉照样做红雕漆晬盘五件，其盘上人物、船只应用五彩之处雕做五彩，于明年二三月间先赶做一件送来，其余四件陆续做得送来。再盘底刻"大清乾隆年制"长款，下刻"百子晬盘"方字样。钦此。于乾隆八年七月初一日，司库白世秀将雕漆百子晬盘一件持进交太监高玉呈进讫。于乾隆八年十一月初八日，七品首领萨木哈来说，太监胡世杰传旨：照先传做百子晬盘再做一件，其款仍照样刻来。钦此。于乾隆八年十二月二十六日，司库白世秀、副催总达子将图拉做得雕漆百子晬盘一件持进交太监胡世杰呈进讫。于乾隆九年四月二十七日，司库白世秀、副催总达子将图拉做得雕漆百子晬盘一件持进交太监胡世杰呈进讫。于乾隆九年十月二十五日，七品首领萨木哈将图拉送到雕漆百子晬盘一件持进交太监胡世杰呈进讫。

乾隆九年八月初一日，七品首领萨木哈来说，太监胡世杰传旨：今日进的雕漆百子晬盘比从前进过的甚糙，新盘比旧盘又大些，还有二件如未动手，不必做了，如做了，往细致里做。此盘着安宁看了，寄信申饬图拉。钦此。

档案中所提及的图拉，时任苏州织造。根据记载，乾隆帝当年曾下令制作五件，随后陆续做了四件。故宫博物院珍藏两件相同的**晬盘**，应该是前面完成的两件作品，而被乾隆帝认为"**甚糙**"的作品，已不知去向。

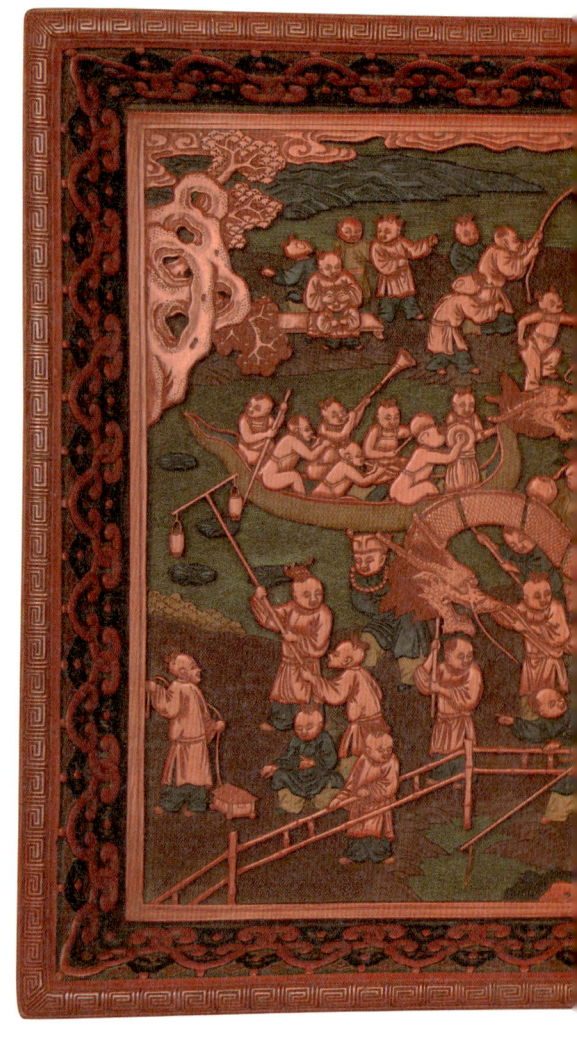

清乾隆·乾隆款剔彩"百子晬盘"（正面）

清乾隆·乾隆款剔黄寿春宝盒
高 12.2 厘米 口径 32.2 厘米 足径 24.8 厘米

　　圆形，子母口，圈足。通体髹厚实的黄漆，盖面随形开光，内雕刻寿春图，下方一聚宝盆，内宝物满溢，光芒四射，上托一硕大"春"字，"春"字中心圆形开光，内雕一寿星，其旁有古松瑞鹿，"春"字两侧雕飞龙各一，四周以祥云相衬。盒壁上下菱花形开光八个，开光内依次雕八吉祥，每件宝物两旁又雕对飞的蝙蝠，寓意八宝生辉、遍地是福。盒内和外底髹红漆。外底中央阴刻戗金"大清乾隆年制"三竖行楷书款。

　　寿春图最早出现在明嘉靖朝的雕漆作品中，乾隆朝曾大量仿制。清宫档案记载如下：

乾隆十年十月初九日

　　司库白世秀、副催总达子来说，太监胡世杰交青花白地小碟二十件。传旨：着照寿春盒样做盒盛装，先做样呈览，准时交南边做雕漆盒二件，每件内装小碟九件，其余二件交茶房做富余。钦此。于本月二十日七品首领萨木哈将做得装青花白地小碟杉木入角方盒样一件持进交太监胡世杰呈览。奉旨：照样准做。面子照寿春盒花样成做，其边墙变别花式成做。钦此。于十一年九月初三日司库白世秀将图拉做得雕漆盒二件，内各盛青花白地小碟九件，持进交太监胡世杰呈进讫。

档案中提及的"**南边**"即指**苏州**，图拉时任苏州织造。此后，乾隆帝曾多次下旨命苏州以该雕漆盒图样为范本，制造了多种工艺的漆盒，大部分作品上还刻有"**寿春宝盒**"器名款，流传至今的有百件之多。工艺品种有**剔红**、**剔彩**、**剔黄**和**填漆**等，其中**剔红最多**，**剔黄最少**。

清乾隆·剔红"万岁长春"铜里盖碗
口径 11.3 厘米 高 8.6 厘米

碗木胎，撇口，敛腹，圈足，盖钮里、盖和碗里及足底皆包鎏金铜皮。盖钮壁刻连续回纹，盖上下沿皆饰一周莲瓣纹，盖壁在四方花瓣锦纹地上剔刻四个如意云头围成的圆形开光，开光内分别剔刻篆书"万""岁""长""春"四字，开光外饰缠枝莲纹。碗壁与盖壁装饰基本相同，花纹略大，锦地为回纹。足壁饰连续回纹。

此剔红"万岁长春"铜里盖碗充分体现出清代雕漆工匠的高超水平，在不大的胎体上不仅髹漆肥厚，使得纹饰立体感极强，同时剔刻异常精细，在细微的锦纹处亦表现得一丝不苟，令人叹为观止，足见其深厚的功力。

此种碗的制作始于乾隆四十五年（1780），记载如下：

乾隆四十五年二月初九日，太监厄勒里交红雕漆碗一件，大明宣德年制款，金里、金底。传旨：照漆碗大小样款四面留圆光画样，圆光内着梁国治写"万岁长春"篆字呈览，准时交全德成做，其金里、金底京内镶做。钦此。于本日照雕漆碗大小样款画得四面圆光花纹，梁国治写"万岁长春"篆字样呈览。奉旨：照样交全德成做四件，其金底不必满镶，留圆底做阳文大清乾隆年制款，其照原样成做四件，先将原样仍交茶房，俟杭州回来时交给全德做样。钦此。

档案中提及的"**全德**"时任苏州织造。

各地织造、盐官、关差有为宫廷置办器物的责任，每年有专门的银两支出用来采买。乾隆时期每年向江宁、苏州、杭州三织造拨白银四十五万两。粤海关在乾隆七年（1742）以前每年是五万五千两，之后是三万两。清宫所藏洋漆即莳绘漆器，有不少是在广州通过粤海关采买的。如乾隆二十三年（1758）四月十八日李永标（时任粤海关监督），李侍尧（时任两广总督）所进**大小自鸣钟等系特旨传办之项**，贡品计开**洋漆盒一个……洋规矩一匣计六件、洋烟壶盒一匣计八个、珍珠一匣计大小颗**。在档案中还可以看到，乾隆帝特别指出一定要真正日本制作的才可以，如乾隆十四年（1749）曾传谕两广总督硕色：

从前进过钟表、洋漆器皿亦非洋做，如进钟表、洋漆器皿、金银丝缎、毡毯等件，务要是在洋做者方可。

3. 进贡

中国古代的进贡形式大致有三种：一是**朝贡**；二是**地方向朝廷进献的常贡、例贡**，其特点是定额明确，且有固定的进献物品；三是**大臣个人向皇帝的进贡**。

清代从康熙朝开始就已经具有制度意义的个人进贡，经雍正朝的发展，在乾隆朝达到顶峰。从留存下来的宫中进单上统计，乾隆一朝进贡的数量占据整个清代的一半。所谓**具有制度意义，是指不是所有人都有进贡资格**。乾隆帝曾圈定以下六类人有进贡资格：一是**宗室亲贵**，有亲王、郡王、贝勒；二是**中央大员，包括大学士、尚书、左都御史、都统**；三是**地方大吏，有总督、巡抚、将军、提督**；四是**织造、盐政、关差**；五是**致仕大臣**；六是**衍圣公**（孔子嫡长子孙的世袭封号）。**进贡不但有资格限制，时间上也是有规定的，不可随时随意**。端午贡、万寿贡、年贡是进贡的常例，上元、中秋等节庆大臣也都有贡献。然而，乾隆帝到了晚年贪图享乐，大臣们为了讨皇帝欢心，挖空心思创造各种进贡的理由，皇帝也欣然接受。例如，皇帝出巡，地方上的大臣迎驾进贡叫"迎銮贡"；皇帝去热河避暑称为"木兰秋狝"，大臣们进贡叫"木兰贡"；大臣进京觐见皇帝，进献贡品称为"陛见贡"。朝鲜使臣曾记载乾隆四十五年（1780）乾隆帝七十万寿之时，京城附近有来自全国各地进贡的大车达三万辆之多，每辆车要用六七头骡子拉着。因为车太多了，造成交通堵塞，车队绵延数十公里。一眼望不到头。在贡单中经常可以看到大臣进献漆器的记载，如：

乾隆十二年十二月十四日

凤阳关监督普福所进：万年祥瑞紫檀绣屏成座，新春如意紫檀宝座全份，瑶台文翰雕漆书阁成对，太平有象彩漆高几成对，吉祥三多紫檀炕几成对，三阳开泰玻璃桌屏成对，松鹤献瑞紫漆香几二对，五彩金漆唾盂十对。奉旨：交圆明园总管查收。

又如：

乾隆六十年四月十一日

江苏巡抚奇丰额差（把总乔宏毅）进贡：吉祥如意一柄，碧玉炉瓶盒一分，碧玉册宝一分，玉宴碗一对，玉天鹿一件，玉八仙尊一件，玉插牌一对，玉画洗一匣（计五件），嘉谷瑞麦像生盆景一对，御制诗句缂丝对联挑山一份，御制诗台湾战胜图雕漆挂屏十二扇，御制诗雕漆茶钟二对，御制诗朱漆菊瓣盒二对，御制诗朱漆菊瓣碟二对，御制诗朱漆菊瓣钟二对。

清宫贡档尚未完全公布，但从档案中的零散记录里，可以看到一些大臣进贡前朝漆器的记录，如：

乾隆五十九年三月二十七日

山东布政使江兰进贡：

碧玉多寿如意一柄……旧雕漆盒一对。

乾隆五十九年七月二十一日调任广州巡抚朱珪进贡：亿龄福寿如意一柄……旧雕漆盒二十七件（内贮旧玉文玩）……旧雕漆香盘九件。

雕漆工艺肇始于**唐代**，但未见实物，故宫博物院和中国台北故宫博物院保留的清宫旧藏宋元雕漆也是屈指可数，由此可推测档案中的"**旧雕漆**"是指**明代雕漆器**。

4. 抄家

抄没家产是**清王朝**对犯罪官员尤其是贪腐官员的重要惩罚手段之一，也是皇室获取财富的重要途径之一。有学者通过研究，统计出清代至少有 2500 个抄家案例。从档案中可以看到，犯罪官员家中的漆器通过抄家途径被送入皇宫。如乾隆四十六年（1781）查抄杭嘉湖道王燧家产时，就有洋漆扇面盒 1 个、洋漆香盒 23 个、洋漆方长盘 5 个等漆器共 112 件；又如在乾隆四十八年（1783）查办闽浙总督陈辉祖侵盗王亶望入官财物案中，查抄陈辉祖任所内器物后，送清宫内务府的雕漆器具达 65 宗计 219 件，洋漆则多达 360 件。仅仅从这两位官员的抄家记录中，就统计出洋漆即日本莳绘漆器近 500 件之多。

尾声

乾隆帝去世后，继任者嘉庆帝不允许大臣再进贡奢侈之物，并下旨停止相关器物的大量制作。于是，在清宫旧藏的漆器当中，带有乾隆朝以后款识的器物少之又少，其制作水平也是大不如前。时至晚清，朝政腐败，加之太平天国运动和列强的欺凌，民生凋敝，百姓困苦，作为奢侈品的漆器自然也是风光不再。

清宫档案记载，光绪二十年（1894）为筹办慈禧太后六十万寿庆典，内务府奉旨行文苏州织造，令其承造各类漆器。苏州织造庆林回奏称："为奉传庆典应用各项漆盒，工极繁重，觅匠无多，拟请先后分造，尽办尽解，以应要差，恭折仰祈圣鉴事。窃奴才前准内务府文称，传办储秀宫茶房应用南漆大小甜瓜瓣盒各四十副，限四月内解交，恭备庆典应用等具奏。奉旨：依议钦此行令，钦遵办理。前来伏查，奴才衙门并无此项漆工，就苏省地面招募，亦属高手无多，随经四处觅雇，仅得数名。据称，甜瓜瓣盒及亮丝漆盒，尚能成做，惟雕漆一项，久已失传，不敢承领制造等语。奴才又经派差远方访觅，委系无人能造。……至九月内，尚可做得甜瓜瓣盒二十副，红漆寿字板盒二十副，古攒盒二十副，红漆菊瓣盒四十副，红填漆盒八副，共一百五十副，届时一俟告成，奴才即当饬差航海解京，以供要差，不敢贻误，其余六十八副，随后接续办解。所有雕漆宝盒，无匠造办。"

从庆林的奏折可以看出，伴随着大清帝国的没落，雕漆工艺在光绪二十年（1894）之时已经是"久已失传"，其他漆器工艺亦是"高手无多"，曾经无比辉煌的中国古代漆工艺在晚清时节逐渐落下了帷幕。

所幸的是，尽管风光不再，但包括雕漆在内的绝大多数传统漆工艺并未完全绝迹，在民间还是有所延续。乾隆时期福建髹漆艺人沈绍安在我国泥塑佛像和夹纻胎技法之上，创造出别具一格的脱胎漆器。清光绪年间，沈绍安的第五代孙沈正镐、沈正恂兄

明末清初·福建脱胎对弈图带座撇口瓶

高27.3厘米 口径4.6厘米

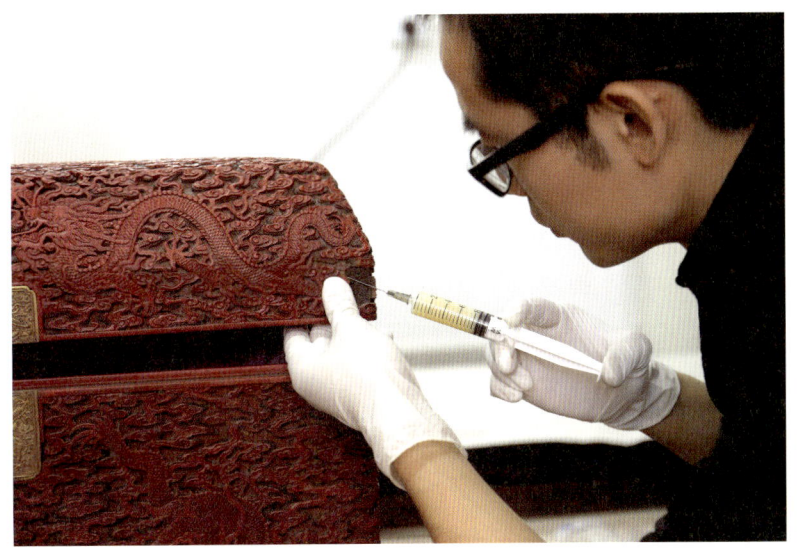

弟继承祖传技艺并发扬光大，曾先后两次将所制漆器贡入宫中，获得一等赏勋、四品顶戴的赏赐。时至今日，福建脱胎漆器依然是享誉中外的具有浓厚地方特色的工艺品。

清末民初，北京继古斋、德成雕漆局等私人作坊已开始恢复制作雕漆器，在国内外皆有销路。民国时期的北平，雕漆行业由两三家发展到二十多家，从业人员也由二十余人扩大到二百余人。中国人民共和国成立后，一批雕漆作坊的工匠来到故宫博物院工作，在他们的精心修护之下，众多清宫旧藏残损不堪的漆器被修复一新。现如今，故宫博物院拥有专门的漆器修复养护团队，拥有现代化的科学检测仪器，而最宝贵的，还是当年那些老师傅们悉心传授下来的经验总结。

后记

　　经常有人问我：漆器是什么？每当此时，心中总是不免感叹，这在中国有长达八千年历史文化的传统手工艺品，如今却知音寥寥、默默无闻，不得不说是一件令人非常遗憾的事情。同时，作为故宫博物院保管、研究清宫旧藏漆器的工作人员，我深感责任重大，有责任和义务来宣传这些曾经深藏于宫墙之内的瑰宝，让社会大众知悉它们，了解它们。

　　感谢湖南科学技术出版社不以浅陋约稿于我，让我得此良机从故宫博物院珍藏的漆器中撷英，并结合自己的所学所知奉献给读者！感谢编辑李文瑶女士，面对我的一再拖稿，依然温柔以待！感谢杨哲老师，在她的精心设计下，平凡的书稿变得灿然一新！

　　限于学力，书中错漏之处，在所难免，敬请读者不吝赐教。

王喾

厳漆精工出
果園希均二百
歲餘夺易朱宛尔
龍違襯絲還看渤海翻
識叶乾坤義紅泰否明
高下遠知列天地闢宋未
標卦爻孝従来肯昔言
乾隆丙申孟春
御題

乾隆帝按：地天泰，天地否，乃一定不易之卦象。此盒盖刻飞龙形，而列卦画于其首，似取开泰之义。顾其卦误作乾上坤下，则为否矣。此由不学无术之故，因识而正其讹你。

乾隆帝按：麟、凤、龟、龙，谓之四灵。兹但刻龙凤，故云。

乾隆帝按：嘉靖好道，今之钦安、大高、光明诸殿，皆其建皇坛修醮处也。

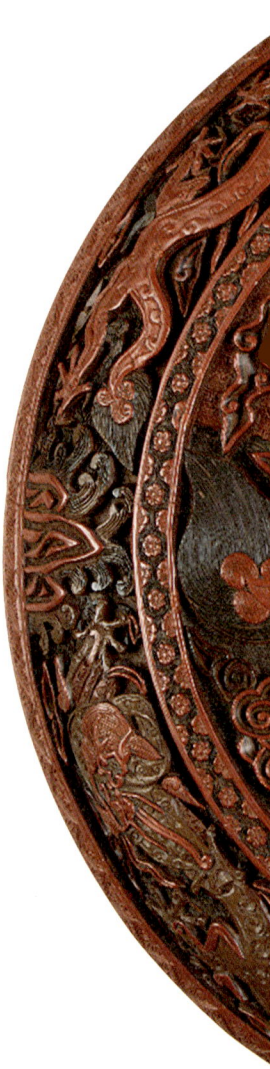

果园秘制刻雕精，破闷偏宜茗碗擎。
何必宣成寻旧器，越窑新样煮三清。

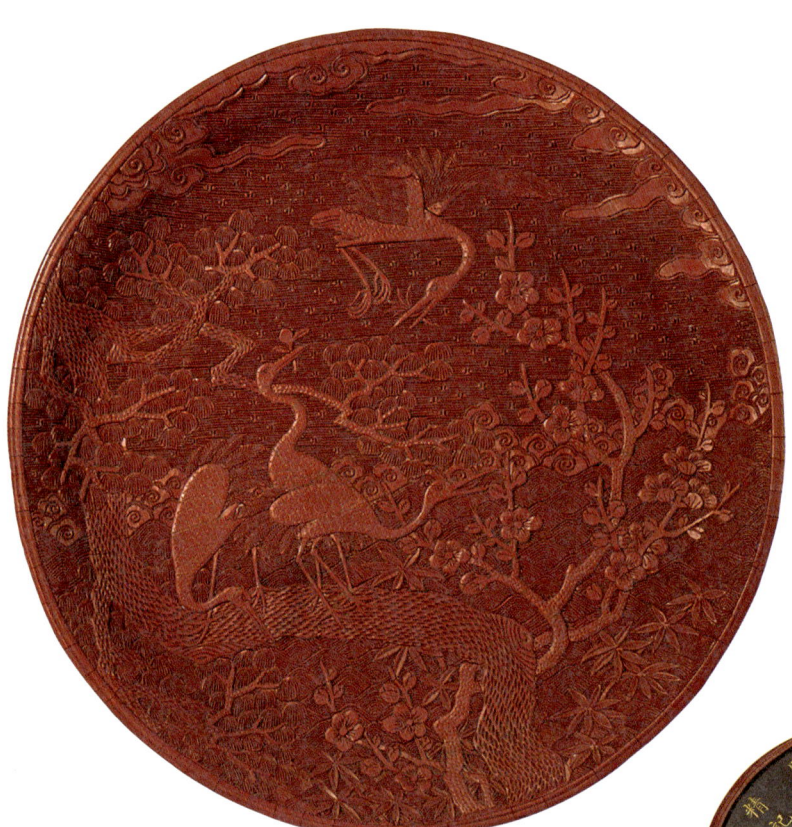

乾隆帝按：嘉靖崇信左道，惑溺已久，甚至幄后获桃、苑鹿生子亦谓奇祥，诩称天眷，尤为可笑。

龍拏天下太平錢盒
識猶看金字鐫鎪溺愛
出藩為爭地踈情前
席已多年駕班空半
誠奇矣鴻業忘是誰
甚為馴致明之全更
咎對斯寧不面頳然
乾隆癸卯御題

黑漆描金松竹纹四层方匣

金漆花叶纹双桃式套盒

长9.6厘米 宽5厘米 高3.1厘米

清中期·红漆嵌螺钿团花纹攒盒（正面）

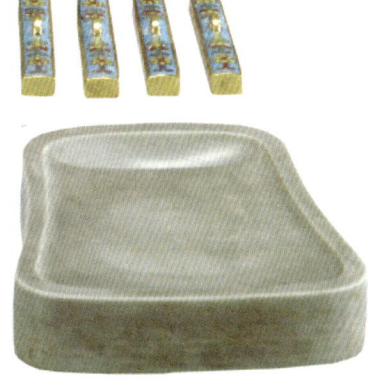

清·乾隆款剔红长方飞龙宴盒

长 51 厘米 宽 21.5 厘米 高 25.3 厘米

颐和轩北月洞门及局部细节

　　棂星门迤西，日西酒房，日西花房，日大藏经厂，即司礼监之经厂也，又西日洗帛厂，日果园厂。

　　由金水桥玉熙宫迤西日棂星门，迤北日羊房夹道、虎城。再西日西酒房，日花房，日经厂，日大光明殿，日大极殿，日洗帛厂，日果园厂，日甲字十库，日司钥库，日惜薪司，日鸽子房，日西安门。

清乾隆·乾隆款剔红嵌碧玉"交螭宝盒"
通高 20.8 厘米 口径 15.7 厘米 足径 17 厘米

故宫博物院闵俊嵘研究馆员正在修复剔红乾隆御稿箱

王䂮